ABORDAJE PSICOTERAPÈUTICO EN EL TRATAMIENTO DE MENORES INFRACTORES

Por: Iván Samaniego

ÍNDICE

Capítulo I: La adolescencia como etapa vulnerable en el desarrollo de la conducta antisocial.

Capítulo II: Bases teòricas de la conducta antisocial y delictiva

Capítulo III: Tratamientos de los trastornos de conducta

Capítulo IV: Terapia de grupo basada en la TREC para el tratamiento de la conducta antisocial.

INTRODUCCIÓN

Frente a las múltiples problemáticas que afectan al mundo actual, el tema de la delincuencia es uno de los más preocupantes.

El incremento de homicidios, en los últimos años, los cuales tienen que ver en gran medida con la delincuencia, sea directa o indirectamente (a través de asaltos o robos a mano armada, pandillerismo, narcotráfico), es un claro indicio de que el sistema represivo policial y medidas de seguridad coercitivas no son suficientes para controlar el problema.

Se hace necesario entonces realizar aportes en materia de salud mental que propongan formas de abordaje individual o grupal, en este caso psicoterapia de grupo, que vayan más allá de los recursos que actualmente se utilizan para enfrentar la problemática.

Es claro que el tema es abordado desde una perspectiva conductista a través de los tradicionales esquemas de resocialización o programas reeducativos, así como a través del discurso religioso el cual predomina en el abordaje de el tema, tanto en los barrios como en las propias instituciones resocializantes, no obstante si es cierto que los mismos rinden sus frutos, también es cierto que los mismos carecen de una análisis científico que logre articular modelos teóricos y prácticos acordes con los nuevos desarrollos en el campo de las ciencias comporta mentales.

Un informe de la CEPAL (2009) indica que el 80 por ciento de los niños en Panamá nacen en hogares informales, es decir fuera de la estructura nuclear de una familia tradicional, y que dicho índice es uno de los mayores a nivel latinoamericano. Esto obliga a interrogarnos sobre que factores o variables están influyendo en la forma como las parejas se vinculan en nuestro país, sobre el concepto de matrimonio y hogar formal, sobre las interpretaciones que la población tiene acerca de ser padre o madre, y como esto influye de forma precisa en el tema de la delincuencia.

Es obvio que existe una correlación muy fuerte entre la variable familia desestructurada versus delincuencia, sin incluir todas las variables posibles, pero sin poderse especificar de qué manera una familia disfuncional determina el futuro comportamiento antisocial del joven.

El abordaje grupal bajo una perspectiva racional- emotiva, pretende mediante la psicoeducación, y otras técnicas, llevar al joven a un nivel de auto observación que le permita, identificar creencias erróneas o distorsiones cognitivas estructuradas a lo largo de su vida como consecuencia de experiencias pasadas traumáticas o negativas en sus relaciones con los otros inclúyase figuras primarias y otras, y como estas distorsiones se asocian a sus emociones, estado de ánimo y conductas disfuncionales.

También pretende incorporar en el joven, a través de la autoaceptación nuevos pensamientos positivos, o esquemas mentales que le permitan enfrentar el medio de forma más constructiva y no destructiva.

El conocimiento de sus pensamientos y como estos se relacionan a sus emociones, objetivo de la Terapia Racional Emotiva o RET en sus siglas en inglès, busca mejorar las relaciones o vínculos del sujeto con los otros y la sociedad en general, de modo que este opere de una manera menos oposicionista ante las reglas sociales

Nuestra propuesta es precisamente un abordaje psicoterapèutico desde una perspectiva específica, que sea una variante a las formas tradicionales de intervención psicològica en Panamá.

Por otra parte es una propuesta que pretende introducir nuevos conceptos en el tratamiento de la delincuencia, articulando el modelo teórico racional- emotivo al tratamiento de comportamiento antisocial en la adolescencia.

El motivo por el que preferimos tratar con adolescentes y no adultos, es debido a que los mismos permiten por su etapa realizar conexiones más recientes con sus experiencias familiares desajustadas, y por que por otra parte se puede actuar a un nivel más preventivo que en el caso de un adulto. También creemos que la presencia de estos comportamientos en la adolescencia va a marcar en gran parte el futuro delincuencial del sujeto.

Este trabajo es el fruto de una ivestigaciòn realizada en el 2010 con un grupo de adolescentes con perfil antisocial, a los cuales se le aplicò diez sesiones de terapia expuestas en el cuarto capìtulo.

También es posible argüir que el tratamiento puede ser reajustado de acuerdo a las experiencias de cada uno, y el mismo sirve de modelo para intervenciones psicológicas dirigidas a este tipo de poblaciòn.

CAPITULO I

LA ADOLESCENCIA COMO ETAPA VULNERABLE EN EL DESARROLLO DE CONDUCTAS ANTISOCIALES

1. Concepto de adolescencia

Adolescencia es un concepto moderno, siendo definida como una fase específica en el ciclo de la vida humana a partir de la segunda mitad del siglo XIX. Su importancia como etapa del desarrollo humano está ligada a los cambios económicos ,culturales ,de desarrollo industrial , educacional y al papel de la mujer, en este sentido al enfoque de gènero en correspondencia con la significación que este grupo tiene para el proceso económico-social.(Dominguez, 2003, p.1-3)

La adolescencia es una etapa entre la niñez y la edad adulta que se inicia por los cambios puberales y se caracteriza por profundas transformaciones biológicas, psicológicas y sociales muchas de ellas generadoras de crisis, conflictos y contradicciones .No es solamente un período de adaptación a los cambios corporales ,sino una fase de grandes determinaciones hacia una mayor indepenciencia psicológica y social . (OMS, 1995).

La OMS (1995) define: "la adolescencia es la etapa que transcurre entre los 10 y 19 años, considerándose dos fases ,la adolescencia temprana 10 a 14 años y la adolescencia tardía 15 a 19 años" . Paralelamente con esta etapa también tenemos la juventd que comprende el periodo entre 15 y 24 años de edad ,es una categoría sicológica que coincide con la etapa post-puberal de la adolescencia ,ligada a los procesos de interacciòn social ,de definición de identidad y a la toma de responsabilidad, es por ello que la condición de juventud no es uniforme ,varía de acuerdo al grupo social que se considere.

2. La adolescencia còmo etapa evolutiva en el desarrollo humano.

Este crecimiento presenta múltiples cambios, y uno de los más importantes es el desarrollo físico y sexual. Los cambios físicos que preceden a la pubertad,

tales como las modificaciones de los órganos sexuales externos, de las formas del cuerpo, vellosidad, voz, senos, etc., intrigan al niño. De repente, se enfrenta a su propio cuerpo, que ha sufrido un cambio casi vertiginoso, revelándose como algo extraño; por otro lado, estos cambios físicos suelen estar acompañados de un mayor impulso sexual que la mayor parte de las veces lo domina y que le induce a la manipulación de sus genitales. Surge en ese momento un conflicto entre las normas sociales de carácter restrictivo y sus impulsos, conflicto que es motivo de constante ansiedad y remordimiento en el tema del sexo. (Deval, 1994).

Otra de las afirmaciones en las que coinciden los expertos es en la necesidad de relacionar esta etapa con una serie de crisis de identidad. Segìn Eric Erikson (1968- 1974) el adolescente se encuentra entre un mundo que se extingue (el de la infancia) y otro que se aproxima (el de adulto). Podríamos afirmar que el adolescente no sabe ni quién es ni dónde está. Se siente distinto, tanto del que era como de los que le rodean, y esto le produce una gran inestabilidad emocional, conflictos personales, incertidumbre y desconcierto.

Según Piaget (1972) los adolescentes logran el más alto nivel de desarrollo cognitivo (operaciones formales), cuando alcanzan la capacidad para pensar en forma abstracta. Este desarrollo se inicia a los 11 años, este pensamiento le proporciona nuevas herramientas para manejar la información. Ya no sé limitan al aquí y al ahora, sino que pueden planear el futuro. Son capaces de elaborar y comprobar hipótesis. Capaz de preguntar el porqué de las cosas. (Mugny y Perez, 1988).

Desde nuestro punto de vista esto es relativo a la cultura, y es evidente que en los casos de jóvenes con comportamiento antisocial todavía predomina un pensamiento de operaciones concretas, pues las limitaciones en el desarrollo cognitivo que estos chicos presentan están ligadas muchas veces a trastornos del aprendizaje que limitan aun más la evolución cognitiva en este periodo.

En la Teoría de Erikson (1968), él adolescente busca dar sentido coherente al yo, incluido el papel que él o la adolescente desempeña en la sociedad. Según Erikson, los adolescentes forman su identidad no solo tomando como modelo a otras personas, como lo hacen niños más jóvenes, sino también deben determinar y organizar sus capacidades, necesidades, intereses y deseos para expresarlos luego en un contexto social.

Los adolescentes pueden mostrar alguna confusión regresando a la niñez para evitar resolver conflictos comprometiéndose a seguir cursos de acción no muy bien definidos.

La identidad se forma a medida que los jóvenes resuelven tres aspectos importantes:

- La elección de una ocupación

- La adopción de valores en qué creer y por qué vivir

- Y el desarrollo de una identidad sexual satisfactoria

El hombre sólo es capaz de experimentar intimidad real después de que ha logrado una identidad estable, en tanto la mujer se define a sí misma en el matrimonio y la maternidad.

En la teoría del desarrollo moral de Kolhberg (1992), la adolescencia abarcaría dos niveles los cuales se definen de la siguiente manera.

Nivel 2: Moral convencional (10 a 13 años): Convencional, quiere decir, son acuerdos que me dan los mayores. Están preocupados por ser "buenos", agradar a los demás y mantener el orden social. Muchas personas no alcanzan este nivel, ni siquiera en la edad adulta.

Nivel 3: Moral pos—convencional (adolescencia - adultez): Las personas siguen manteniendo principios morales y emiten sus propios juicios basados en el bien, la imparcialidad y la justicia. En general, las personas no alcanzan este nivel de razonamiento moral por lo menos hasta la adolescencia temprana o bien en la adultez temprana.

Desde nuestro punto de vista los adolescentes con problemas de conducta antisocial, en el mayor de los casos no han alcanzado el modo convencional, encontrándose en el primer nivel el pre convencional, esto explica por que son tan dependiente del castigo. Este nivel se espera entre chicos de 5 a 10 años y el comportamiento del sujeto depende en gran medida de estímulos externos, en este caso recompensas y castigos.

Marcial James plantea que en esta etapa los adolescentes están en plena búsqueda del "yo" o estado de "identidad", para establecer los estados de identidad, Marcia plantea 4 tipos de identidad:

Logro de identidad: Caracterizado por el compromiso de elecciones hechas después de una crisis, un periodo dedicado a explorar alternativas. Padres estimulan para que tome sus propias decisiones, no presionan Ejemplo: "Estarías dispuesto a renunciar a ese trabajo si tuvieras algo mejor"

Aceptación sin Raciocinio (compromiso sin crisis): Es cuando una persona no dedica tiempo a considerar alternativas (es decir, que no ha estado en crisis) se compromete con los planes de otra persona para su vida. Ejemplo: el adolescente obedece las órdenes de sus mayores (como puede ser los padres)

Moratoria (crisis sin ningún compromiso): Es cuando una persona considera alternativas (crisis) y parece guiado por el compromiso. Ej.: tiene las ganas de hacer algo, tiene la confianza en sí mismo, pero no se atreve.

Difusión de identidad (ni compromiso, ni crisis): En esta etapa esta la ausencia de compromiso y la falta de alternativas. No está seguro de sí mismo y tiende a no cooperar, todo le da igual, lo toman todo a la ligera.

3. **La adolescencia como periodo crítico**

La adolescencia puede ser un periodo difícil para el joven, la bibliografía existente describe el trastorno y confusión en la adolescencia (Freud, 1912), la lucha por la identidad (Erickson, 1950), la depresión (Loeber, 1982), y la variedad de cambios biológicos que ocurren en esta etapa.

Uno de los verdaderos conflictos en la adolescencia es la lucha por la autonomía contra apego (Shaefer y Connor, 1997, p.195). Muchos autores describen periodos iniciales, intermedios y finales de la adolescencia (Blos, 1962; Mishne, 1986). Por lo tanto mientras el adolescente mayor pudiera estar realizando grandes cambios hacia la independencia, el más joven pudiera participar de una conducta seudo independiente la cual puede ser extremadamente peligrosa (Mishne, 1986).

En una situación en la que los padres puedan sentirse lastimados por el rechazo que experimentan por parte del hijo, éste en gran medida confía más en los pares o apoyos externos, que en su propia familia para reforzar su autoestima.

En un estudio que se realizò con 935 adolescentes (Seifer, Sameroff, Baldwin, 1992), se encontró que aquellos que percibían un mayor apego hacia sus padres y compañeros tenían las mejores calificaciones del colegio.

Pero cuando se trato de la salud mental, el apego a los compañeros no compensó su menor apego a los padres. Así, los chicos que se alejaron de sus padres y establecieron mayor vínculo con compañeros como parte de un esfuerzo muy temprano de lograr autonomía, son más susceptibles de la presión de grupo de compañeros, en especial en el área de la conducta antisocial.

Apoyados en la teoría del apego (Bowlby, 1985), sostenemos que en este periodo crítico el vìnculo (con los padres) es fundamental por lo cual situaciones como la separación de los mismos o continuas disputas de ambos pueden hacer al joven más vulnerable de recaer en perturbaciones de conducta sobre todo en el área antisocial.

Lo cierto es que esta búsqueda de autonomía natural en el adolescente se combina de forma perjudicial con los problemas familiares internos que traen como resultado un vínculo emocional hacia los padres desestructurado o débil.

Esto es fundamental ya que el apego del adolescente a sus padres, es muy importante para el desarrollo saludable de su personalidad. Aquellos adolescentes que se hayan vinculados de un modo seguro, dan cuenta de una autoestima significativamente más alta, que la de aquellos que tienen un apego inseguro (Armsden, Grenberg, 1987).

En este sentido el concepto de autoestima y auto concepto es fundamental para la teoría cognitiva, y está ligado de alguna manera al concepto de auto esquema que muy bien desarrolla Riso (2006), en su libro Terapia cognitiva.

Según este planteo las experiencias tempranas jugarían un papel fundamental en la formación de auto esquemas sanos o saludables versus los mal adaptativos. Markus (1977) define auto esquemas como generalizaciones cognitivas acerca de uno mismo, derivadas de experiencias pasadas, que guían el procesamiento de la información relacionada con uno mismo contenida en la experiencia social de un individuo.

Si bien es cierto la adolescencia es un periodo crítico la configuración de auto esquemas se elabora a partir de la historia temprana del joven, lo cual involucra toda su historia en la que el joven va construyendo estructuras cognitivas que los hacen vulnerable sobre todo en la etapa adolescente a desarrollar ciertas patologías.

En el ámbito relacionado a la conducta antisocial, Riso (2006), utiliza el término Diathesis para referirse a la predisposición que el sujeto presenta para desarrollar cierto tipo de conductas inadaptadas frente a situaciones o estímulos estresantes. (Riso, 2006, p.116).

Como habíamos mencionado anteriormente si la etapa adolescente ya de por sí es una etapa en la que el estrés se incrementa por los cambios fisiológicos que experimenta el cuerpo y a los cuales el sujeto debe adaptarse, otros factores lo hacen aun más vulnerable, como fracaso escolar, maltrato por parte de los padres, abuso sexual, experiencias de separación de los padres, etc.

Pero dependiendo del caso estos eventos solo serán activadores de auto esquemas mal adaptativos configurados a lo largo de la historia del sujeto, por cierto muy influenciado por el estilo de apego que el joven desarrolló desde su infancia.

Este análisis nos permite reforzar la idea de que el joven no es vulnerable solo por la etapa de desarrollo que atraviesa, sino por factores cognitivos arraigados a su estructura de personalidad, en este caso los llamados esquemas nucleares que Beck define como: Creencias absolutas y generalizadoras acerca de si mismo y de los otros. (Beck, 2000, p.25)

Se refiere a creencias autorreferenciales, incondicionales, y operan fuera de la conciencia del individuo, siendo difícil verbalizar. Estas creencias se configuran en un interacción continua entre ambiente, experiencias del sujeto vs estructuras neurobioquímicas subyacentes. Pues cabe recalcar que no solo los aspectos relacionados a las experiencias del sujeto son relevantes, sino también aspectos como el temperamento, cuya base biológica hace al individuo más proclive a desarrollar problemas de conducta.

Como veremos más adelante algunas teorías sobre la delincuencia plantean las presencia de rasgos temperamentales muy ligados a los comportamientos antisociales.

4. Factores de riesgo de la conducta antisocial en la adolescencia

4.1 Aspectos biológicos

Mediadores biológicos y factores genéticos

En los últimos tiempos ha habido un cambio importante en cuanto al papel de las características individuales como moduladores de la posibilidad de desarrollar conductas antisociales. Rutter y Giller (1983) consideraban que no es demasiado útil buscar influencias genéticas que pudiesen subyacer a un papel en las diferencias individuales de propensión a las conductas antisociales.

Actualmente, tanto los factores de riesgo biológicos (Raine, Brennan y Farrington, 1997), los factores neuropsicológicos y los vínculos con el trastorno mental, tienen vital importancia como factores predisponente en el desarrollo de conductas antisociales.

En referencia a factores biológicos se han considerado: *Hormonas, neurotransmisores y toxinas:* aparece relación entre un incremento en los niveles plasmáticos de testosterona (hormona sexual masculina) y el aumento de la probabilidad de ejercer comportamiento antisocial en varones (Olweus, Mattsson, Schalling y Löw, 1980). La testosterona se ha mostrado como el candidato más prometedor de todos los mediadores biológicos (Rubinow y Schmidt, 1996). Un estudio longitudinal encontró que los jóvenes de 13 años clasificados como "líderes bravucones" tenían niveles más altos de testosterona, siendo sus niveles generales de andrógenos más bajos que los de los sujetos no agresivos, apoyándose la evidencia de que el rechazo social disminuye el nivel de testosterona.(Muñoz, 2004)

 Sin embargo, los resultados fueron encontrados entre los 15 y 16 años, donde el nivel de testosterona de los sujetos agresivos era mayor en comparación con el de los no agresivos (Tremblay, Schall, Boulerice y Perusse, 1997).

Por otra parte, hay estudios que consideran a la serotonina como un aspecto central en la regulación de la conducta agresiva impulsiva (Spoont, 1992). A través de la enzima monoaminoxidasa (MAO) se han vinculado los niveles elevados de serotonina al comportamiento antisocial. Por tanto, la baja actividad de la MAO en las plaquetas guardaría relación con el delito violento (Belfrage, Lidberg y Oreland, 1992).

Determinadas toxinas y nutrientes se han relacionado con las conductas antisociales, teniendo los hijos de padres alcohólicos un riesgo sustancialmente mayor de desarrollar conductas antisociales, además de otro tipo de psicopatología (Steinhausen, 1995). Otro factor asociado ha sido la ingestión de plomo, encontrándose niveles moderadamente elevados de plomo en el cuerpo asociados a ligeras disminuciones del rendimiento cognitivo (Fergusson, Horwood y Lynskey, 1997). Sin embargo, su relación con la agresividad no está demasiado clara.

El papel de las drogas como factor de riesgo de la delincuencia sucede a través de distintas formas (South, 1994). Puede suceder primero que el consumidor de una sustancia robe con el fin de poder adquirirla (Chaiken y Chaiken, 1991), segundo que haya grupos organizados que se dediquen al tráfico de drogas (Pearson, 1991), y tercero que el consumo de drogas pueda constituir un rasgo de vivir apartado de las normas.

Sistema nervioso autónomo y estudios neurofisiológicos:

Se han descubierto anormalidades neurofisiológicas que se han vinculado al aumento de la delincuencia. En esta dirección cobran importancia los estudios que relacionan determinados déficits en los lóbulos frontales, ya sean estructurales o funcionales, con la aparición de conductas antisociales. Estos estudios surgen a raíz de las investigaciones que relacionan la psicopatía con el lóbulo frontal. Han aparecido reducciones del volumen de corteza gris prefrontal en pruebas de resonancia magnética (RM) (Raine, Lenz, Bihrle, LaCasse y Colletti, 2000), menor flujo sanguíneo cerebral relativo en áreas frontales mediante tomografía por emisión de fotones únicos (SPECT) (Brower y Price, 2001), menor consumo de glucosa frontal a través de la tomografía por emisión de positrones (TEP) (Raine, 2001) y determinados potenciales evocados cerebrales reducidos como el P300 perteneciente a áreas frontales (PEEEG)(Kiehl, Hare, Liddle y McDonald, 1999). El estudio de los factores genéticos se ha centrado en: *Anomalías cromosómicas:* a mediados de los años 60 un estudio de delincuentes en prisión halló una excesiva presencia de la anomalía cromosómica XYY (17). Estos resultados hicieron creer erróneamente en unos individuos psicópatas supermasculinos cuya característica más sobresaliente era su extremada violencia.

4.2 Aspectos socioeconómicos

Es evidente sobre todo en nuestro país que en los núcleos urbanos hay determinadas zonas en las que es más probable encontrar niveles altos de delincuencia. Hope y Hough (1988) relacionan los índices de delincuencia con tres clases de zonas: 1. zonas no familiares de alto nivel en las zonas céntricas deprimidas de las ciudades (incluiría las casas de los ricos y las zonas de edificios de propiedad privada en ocupación múltiple), 2. Zonas multirraciales que se corresponden con viviendas privadas en alquiler, y 3. Complejos urbanísticos de subvención municipal en alquileres más reducidos/pobres, ubicados, ya sea en zonas céntricas deprimidas o en el anillo exterior (Hope, Hough, 1988, p. 30-47).

A partir de esta idea es posible establecer un paralelismo con la ciudad de Panamá, en ciertos barrios como el Chorrillo que se trata de Complejos urbanísticos ciertamente subvencionados por el gobierno, entre otras áreas.

Por otra parte el desempleo, y la falta de recursos económicos se relacionan con la delincuencia. Farrington (1986) realizò un estudio longitudinal con chicos procedentes de zonas deprimidas de Londres encontrando resultados interesantes con respecto a la variable desempleo. (Farrington, 1986, p.189).

Se obtuvieron tres conclusiones importantes: 1. Los jóvenes que llevaban al menos tres meses parados cometieron casi tres veces tantos delitos mientras estuvieron empleados como el muestreo en su conjunto, 2. el índice de delitos se incrementó cuando estaban sin trabajo y, 3. el efecto del desempleo en la delincuencia sólo era evidente en aquellos chicos con un alto índice anterior de delincuencia. Podría suponerse que la experiencia del desempleo hiciese más probable el que los individuos antisociales robasen con más frecuencia, siendo este efecto relativamente inmediato.

La mayoría de las teorías sobre los factores determinantes de la delincuencia tenían como punto de arranque el que casi todos los delincuentes procedían de un medio socialmente desfavorecido (Rutter y Guiller, 1983). Algunos estudiosos del tema concluyen que la presión económica sí que tiene un efecto en la conducta antisocial, pero la influencia es indirecta: viene mediada por depresión de algún progenitor, conflicto matrimonial y hostilidad de los progenitores. (Rutter y Giller, 2000)

Conger, Patterson (1995) analizan el efecto de la tensión familiar (medido a través de una bajada en los ingresos o por enfermedad o lesión grave) realizando una investigación longitudinal. Los efectos del estrés familiar estaban mediados por la depresión de los padres y la deficiente disciplina. Sin embargo, hay que señalar que los conceptos de presión económica y de tensión familiar estaban definidos de forma general, hallándose una relación muy débil con la conducta antisocial.

Más resultados a favor de la relación entre la situación social desfavorecida y la conducta antisocial son los de Pfiffner, McBurnett y Rathouz (2001), quienes hayan mayor índice de conducta antisocial en familias en las que el padre biológico no está en casa, correlacionando además con el bajo estatus socioeconómico. La relación se invertía en aquellos casos en los que el padre sí que estaba en casa.

4.3 Aspectos psicosociales y familiares

El ejercicio de las conductas antisociales está determinado por una combinación entre características intrínsecas a los individuos así como influencias provenientes de su ambiente social. Pues en esta misma dirección Bandura (1969, 1977), considera al proceso de socialización como una adquisición de conductas y valores determinada, en su mayor parte, por un conglomerado de relaciones sociales en las que el individuo está inmerso.

Las variables de socialización constituyen factores de riesgo debido a que pueden modular la conducta del individuo por simple imitación de una figura "prestigiosa" y en pos de crear lazos afectivos con el modelo, o mediante el refuerzo de aquellas conductas concordantes y supuestamente adecuadas con respecto a las de los compañeros. Pueden considerarse tres grupos distintos de factores de socialización: familiares, escolares y relacionados con el grupo de iguales. (Muñoz, 2004, p.28)

En lo que respecta a los factores familiares aparecen:

Los resultados de la investigaciones muestran que existen diferencias entre el grupo que comete actos antisociales del grupo que no lo comete, tanto para el área del ambiente familiar como para el área del maltrato. Los principales predictores de la conducta antisocial fueron: mayor presencia de hostilidad y rechazo, menor comunicación por parte de los hijos, menor apoyo de los hijos y mayor presencia de disciplina negativa severa y disciplina negativa. En lo que respecta a la comunicación, el apoyo de los padres y la disciplina pro social, estos no se identificaron como predictores de conducta antisocial (Icaza, 2007, p. 1-5).

Al respecto un factor importante es la Criminalidad de los padres, la comisión de crímenes por parte de los padres es un factor de riesgo para el ejercicio de conductas antisociales en sus hijos. Usando una muestra de 201 varones, McCord (1982) encontró relación positiva entre los comportamientos desviados paternos, medidos por la presencia de conductas como alcoholismo del padre o haber estado convicto por embriaguez y/o un crimen grave, y las conductas violentas registradas de sus hijos. (Muñoz, 2004, p.29)

La conducta criminal y el alcoholismo del padre, sobre todo, han sido algunos de los factores más relevantes en el aumento del riesgo del comportamiento criminal en el futuro de un joven. Farrington (1989) encontró relación entre el arresto parental antes del décimo cumpleaños de sus hijos y el aumento de los crímenes violentos registrados oficialmente y auto informados por parte estos últimos en la adolescencia.

Con respecto al maltrato infantil Widom (1989) considera los índices de arrestos criminales por delitos violentos incluyendo asesinato, homicidio, violación, asalto y robo; más elevados en poblaciones de adultos que habían sido objeto o víctimas de algún tipo de abuso o maltrato en su infancia.

Cuando se comparaban con sujetos que no tenían historia de abuso previo, aquellos adultos que habían sufrido abusos sexuales en la infancia tenían una tendencia ligeramente mayor a cometer delitos violentos. Igual pasaba con los que habían sufrido abusos físicos, mientras que aquellos que habían sido objeto de negligencias eran los más proclives a cometer delitos violentos en la adolescencia.

Otro factor de relevancia es el de pautas educativas inadecuadas. *La incapacidad* de los padres para crear expectativas claras en la conducta de los hijos, la pobre supervisión parental de los niños y la disciplina excesivamente severa e inconsistente, representa una constelación de pautas educativas familiares que predicen la posterior delincuencia. (Capaldi y Patterson, 1996; Patterson, 1982, 1995; Patterson, Dishion y Bank, 1984).

Y es que se ha llegado a interpretar el maltrato infantil como una forma extrema de las pobres pautas educativas. En líneas generales, los padres de los adolescentes problemáticos emplean la fuerza, aplican o amenazan con el castigo físico, su disciplina es drástica y se caracteriza por la pérdida del control emocional, y exhiben irracionalmente la fuerza y las palizas repentinas. Además, el castigo se aplica de forma inconsistente, con una manifestación errática que combina restricciones excesivas y tolerancia inadecuada. (Muñoz, 2004, p. 30).

En relación al comportamiento estricto de los padres con sus hijos se ha encontrado un patrón de contigüidad (Wells y Rankin, 1991). Los jóvenes cuyos padres habían sido estrictos informaban del mismo tipo de comportamientos en comparación con los chicos con padres muy permisivos. Además, estos últimos también tenían más comportamientos disruptivos con respecto a aquellos chicos cuyos padres no habían sido ni muy flexibles ni muy estrictos.

Interacción padres-hijos: la presencia de vínculos afectivos débiles entre el hijo y los padres es un claro factor de riesgo para el desarrollo de comportamientos antisociales (Armenta, Corral, López, Díaz y Peña, 2001; Hanson, Henggeler, Haefele y Rodick, 1984; Mirón, Luengo, Sobral y Otero-López, 1988).

Tres dimensiones separadas de la relación entre padres e hijos han sido identificadas como predictores del crimen tanto en la teoría como en la investigación: 1. las pautas familiares educativas inadecuadas, 2.la interacción de los padres con los hijos y 3. El apego familiar.

Desde una perspectiva preventiva es importante considerar cada uno separadamente, porque se requieren diferentes intervenciones para cada uno de estos factores.

La calidad de las relaciones entre los padres y los hijos es fundamental: si la relación es cálida y afectuosa, el índice de delincuencia juvenil baja (Loeber y Dishion, 1982). Sin embargo, las pautas educativas erróneas han sido típicamente relacionadas con un aumento del riesgo de cometer crímenes por los hijos, mientras que la interacción padres-hijos y el fuerte apego familiar han sido considerados habitualmente como factores que protegerían potencialmente a los hijos contra el desarrollo del comportamiento delictivo.

De acuerdo con la teoría del control social (Hirschi, 1969), el apego a la familia inhibe el crimen y la delincuencia. Pocos estudios han investigado específicamente la relación entre el apego familiar y el comportamiento violento.

No hay necesariamente una relación causa -efecto directa entre apego familiar y delincuencia, pero si es considerable el estilo de apego que el sujeto ha estructurado a nivel familiar sobre todo con los cuidadores primarios, para determinar su estilo de relacionarse con otras personas. En este sentido el estilo de apego inseguro, es la forma predominante mediante la cual sujetos con problemas de conducta tiende a vincularse. (Rojas,2006, p.493-507).

De hecho lo que Bowlby (1974) sugiere es que hay una elevada relación entre comportamiento criminal y carencias afectivas en etapas temprana. Algunos estudios indican que el apego inseguro se correlaciona al desarrollo de psicopatología como la depresión, dificultades en las relaciones interpersonales e irritabilidad o comportamiento hostil en la adolescencia. (et al., p.438). .

Otro factor determinante son los conflictos maritales. Los orígenes de la investigación criminológica ya consideraban los "hogares deshechos" como un factor de riesgo con respecto a las conductas antisociales. La inexistencia de una relación adecuada entre el padre y la madre ha sido relacionada con la manifestación de actividades antisociales por parte de los hijos (Borduin, Pruitt y Henggeler, 1986; Farrington, 1989; Rutter y Giller, 1983; Wells y Rankin, 1991).Se ha investigado la relación entre el conflicto marital, incluyendo la violencia entre los padres, y el comportamiento violento de los hijos. Elliot (1994) mostró que los individuos que habían sido expuestos a episodios violentos entre sus padres eran más violentos en su etapa adulta.

Ser testigo de la violencia del padre hacia la madre es tan perjudicial para los menores como el recibir la violencia directamente (Armenta y cols., 2001). Estos descubrimientos confirman que la exposición a niveles elevados de conflicto familiar/marital incrementa el riesgo de violencia.

*Por otra parte l*os eventos familiares estresantes han sido relacionados con un amplio rango de trastornos psiquiátricos. La influencia de los sucesos familiares estresantes sobre el comportamiento violento de los hijos ha sido explorada en sujetos entre 11 y 17 son suficiente evidencia.

Sin embargo, hay algún hallazgo que puede ayudar a comprender el papel de un estresor en el origen y/o mantenimiento de las conductas antisociales. Se ha encontrado que muchos niños de padres en proceso de divorcio muestran un alto nivel de perturbación comportamental antes de que el divorcio tenga lugar, pero no después (Block, Block y Gjerde, 1986). Estudios como el de Conger y cols. (1994) vendrían a confirmar estos resultados hallando un aumento de las conductas antisociales "durante" y no "después" de un evento estresante. Así, la relación entre la presión económica y la conducta antisocial sería indirecta y estaría mediatizada por factores como la depresión de algún progenitor, el conflicto matrimonial y la hostilidad de los progenitores. (Conger, 1993, p.65).

Uno de los factores de mayor riesgo es el de las separaciones de los padres, sobre todo en la etapa adolescente, pues un hecho sobradamente demostrado es que los delincuentes juveniles provienen de hogares desintegrados (Borduin, y cols., 1986; Farrington, 1989; Rutter y Giller, 1983; Wells y Rankin, 1991); sin embargo, no siempre ese tipo de familias provoca la delincuencia (Loeber y Dishion, 1982), convirtiéndose la fragmentación del hogar en un factor con poco poder predictivo.

La ruptura de la relación entre padres-hijos se ha relacionado con el comportamiento violento de los hijos, aunque como ha sido comentado anteriormente, parece que la relación con la violencia es durante el evento estresante y no es tan determinante en el futuro de dicho comportamiento. .

La conclusión más relevante de este estudio es que en aquellas familias en que el padre biológico está en casa hay una menor sintomatología vinculada a conductas antisociales, siendo el estatus socioeconómico más elevado. Por el contrario, aquellas familias que registraban una ausencia del padre tenían mayor probabilidad de aparición de conductas antisociales así como un estatus socioeconómico más bajo.

Ser hijo de madre soltera estaba asociado a más del doble de riesgo de llegar a ser un infractor crónico, mientras que haber nacido de una madre menor de 18 años iba asociado a un aumento de más del triple en el riesgo de llegar a ser un infractor crónico. Sin embargo, el grupo más alto de riesgo concentraba varones nacidos de madres que tenían menos de 18 años cuando se produjo el nacimiento, siendo su probabilidad de acabar siendo un infractor crónico once veces mayor que el del grupo de más bajo riesgo (Conseur, Rivara, Barnoski y Emanuel, 1997). Por último *ell gran tamaño de la familia:* se ha relacionado con el aumento de la probabilidad de ejercer conductas antisociales. Offord (1982) ha postulado que el riesgo se origina en la influencia de hermanos o hermanas delincuentes.

5. Aspectos psicológicos y de personalidad

Factores psicológicos

Existe un conjunto de variables relacionadas al comportamiento antisocial en adolecentes entre las que se pueden señalar, ciertas patologías como el TDHA, rasgos de personalidad, así como factores psicológicos relacionados al temperamento.

En cuanto al TDAH una constelación de características psicológicas como la hiperactividad, los déficits de atención o concentración, impulsividad (comentada posteriormente como variable de personalidad) se han asociado al riesgo asumido con una probabilidad incrementada de ejercer violencia en el futuro.

Farrington (1989) relacionó los problemas de concentración, la impulsividad y las conductas de riesgo entre los 8 y los 10 años en varones con una mayor probabilidad de auto informar violencia entre los 16-18 años, a los 32 años, y con mayor probabilidad de haber realizado crímenes violentos entre los 10 y los 32 años. La presencia de la hiperactividad ha sido vinculada con la posibilidad de ejercer delincuencia temprana, así como con una mayor probabilidad de reincidencia en el delito una vez iniciada la vida adulta (Farrington, Loeber, Elliot, Hawkins, Kandel, y cols., 1996). Estudios complementarios de niños con

Hiperactividad y falta de atención en la niñez temprana o media han avalado el posterior desarrollo en la adolescencia de conductas antisociales.(Farrington, 1991, p. 5-24).

Otras de las psicopatologías relacionadas al comportamiento antisocial incluyen el nerviosismo y/o ansiedad, así como la depresión. Muchos individuos que ejercen conductas antisociales manifiestan comórbidamente trastornos emocionales (Dishion, French y Patterson, 1995). En varios estudios longitudinales y epidemiológicos en población general se ha podido comprobar la relación entre perturbaciones emocionales como la ansiedad y los trastornos depresivos con la probabilidad aumentada de ejercer conductas antisociales. Sin embargo, también ha parecido una correlación ligeramente negativa, incluso llegando a negarse la relación (Farrington, 1989). En relación a la depresión, hay una gran cantidad de estudios que encuentran como los individuos con conductas antisociales presentan concomitantes trastornos emocionales, entre los que aparecería la depresión y características tales como el auto concepto disminuido (Achenbach, 1991; Caron y Rutter, 1991).

En relación a otros trastornos psicopatológicos más marcadamente asociados con la delincuencia se encuentra el alcoholismo y dependencia de sustancias psicoactivas (abuso de drogas). Con respecto a las psicosis, se han relacionado determinados delitos (destrucción de propiedad y crímenes violentos) que pueden tener su origen en procesos mentales anormales como las percepciones distorsionadas, el razonamiento defectuoso y la regulación afectiva defectuosa de las psicosis (Marzuk, 1996; Taylor, 1992). En este sentido, es adecuado señalar que el riesgo no se derivaría del propio diagnóstico de psicosis, sino de los síntomas como tal.

Otro factor fundamental son las variables de personalidad que en numerosos estudios han relacionado determinadas características de personalidad con la reincidencia delictiva (Cloninger, 2003). Determinadas teorías psicológicas de la delincuencia muestran los rasgos de personalidad diferenciales de los delincuentes (Cloninger, 1987; Eysenck, 1977; Zuckerman, 1994). Sin embargo, y para no alargar demasiado la explicación de los rasgos, es conveniente centrarse en aquellas variables procedentes de las teorías de la activación (la impulsividad y la búsqueda de sensaciones) así como la agresividad, ya que son las que han generado un conjunto de resultados con mayor solidez y consistencia. En cualquier caso, la delincuencia juvenil constituye un fenómeno multicausal, haciéndose necesarios acercamientos no fragmentarios que den cabida a agrupaciones de factores .

Eysenck y Eysenck (1978) relacionaron la impulsividad con su sistema tridimensional de personalidad: extraversión, neuroticismo y psicoticismo. La impulsividad, en una definición amplia (impulsividad propiamente dicha, asunción de riesgos, no-planificación e irreflexión), correlacionaría positivamente con la extraversión y el psicoticismo, mientras que la impulsividad propiamente dicha (en una definición más restringida) correlacionaría positivamente con el neuroticismo y el psicoticismo. En un sentido amplio de la definición de impulsividad, ésta correlacionaría con la delincuencia. Sin embargo, las predicciones son matizables debido a que Eysenck y Eysenck (1978) admiten que el término psicoticismo usado por ellos no se corresponde con el contenido general del concepto. Caspi, Moffit, Silva, Stouthamer-Loeber, Krueger, y cols., (1994), en un estudio con doble muestreo para varones-mujeres y para negros-blancos, asociaban la delincuencia a un débil autocontrol o a una elevada impulsividad, así como a una emotividad negativa (tendencia a estar enojado, ansioso o irritable).

El constructo búsqueda de sensaciones representa la necesidad de buscar y experimentar sensaciones novedosas, variadas y complejas, de las que pueden derivarse riesgos físicos y/o sociales (Zuckerman, 1979; p. 10). Zuckerman relaciona la búsqueda de sensaciones con el componente impulsivo de la extraversión, la carencia de acuerdo con las normas sociales, la baja responsabilidad y tener poco auto-control. La investigación arroja datos a favor de la relación entre la búsqueda de sensaciones y estar inmiscuido en conductas delictivas (Horovath y Zuckerman, 1993; White, Johnson y Garrison, 1985). En cuanto a la agresividad, se ha encontrado continuidad entre el comportamiento antisocial y las muestras de agresividad temprana con respecto al posterior ejercicio de crímenes violentos. (Eysenck y Seisedos, 1978,p.151-228).

El comportamiento agresivo medido entre la edad de los 6 y los 13 años predice consistentemente la violencia en varones (Farrington, 1989; Olweus, 1979). Aunque el comportamiento agresivo temprano es un buen factor predictivo de la violencia posterior, no es explicativo de la misma, debido a que ambas medidas subyacen al mismo constructo, es decir, la conducta antisocial. *Inteligencia:* los delincuentes, especialmente los reincidentes, tienden a tener un cociente intelectual (CI) ligeramente inferior a los no delincuentes. Esta asociación ha sido confirmada en estudios recientes (Maguin y Loeber, 1995), mostrándose como el bajo CI se asocia a conducta antisocial incluso después de tener en cuenta el nivel de logro escolar, si bien parece que la asociación es un tanto reducida

En el marco de las teorías cognitivas las normas y creencias personales podrían servir de control interno para no ejercer conductas contra la ley. Determinados patrones de repuesta como la deshonestidad, las actitudes y creencias antisociales, actitudes favorables a la violencia y hostilidad contra la policía han sido relacionadas con la violencia futura en varones (Elliot, 1994; Farrington, 1989; Maguin y Loeber, 1995). En este sentido, un amplio rango de procesos cognitivo-sociales está distorsionado o son deficitarios en los niños agresivos (Lochman y Dodge, 1994).

Estas estructuras cognitivas o creencias son adquiridas a través de las experiencias que estos jóvenes adquieren y en el medio social, el cual es un factor condicionante de ideas o juicios irracionales del tipo: Todos los policías son corruptos.

Beck (1960) propone una serie de pensamientos irracionales relacionados a la personalidad antisocial y que son factores predisponentes en la comisión de delitos. Las creencias nucleares son las siguientes:

- *"O SE ES AGRESOR O SE   ES VÍCTIMA..."*
- *"...SE SUPONE QUE LOS DEMÁS SON EXPLOTADORES Y POR LO TANTO TENGO DERECHO HA EXPLOTARLOS..."*
- *"...TENGO DERECHO A VIOLAR LAS REGLAS DESTINADAS A PROTEGER LOS QUE NO TIENEN DE LOS QUE TIENEN..."*
- *"...SI HE SIDO ABUSADO, TENGO DERECHO A ABUSAR..."*

Estos presentan deficiencias en la atribución (con un locus de control típicamente externo), en la solución de problemas, en la evaluación de conductas que favorecen la agresión así como una baja valoración de las características típicas de los jóvenes agresivos. La presencia de estas variables estaría directamente relacionada con la severidad de los comportamientos agresivos.

Finalmente, es necesario considerar que las intervenciones preventivas han de ir encaminadas a desarrollar creencias positivas y pautas comportasmentales diferentes a la violencia o ruptura de reglas. Estos descubrimientos no hacen más que subrayar la importancia de lo que se ha dado en llamar inteligencia emocional (Goleman, 1995), que es el proceso de desarrollo social por el que un niño aprende a participar adecuadamente en la vida social.

CAPÍTULO II

Bases teòricas de la conducta antisocial y delictiva

1. Concepto de conducta antisocial

Desde hace varios años se han venido realizando numerosas investigaciones acerca de la conducta antisocial de niños y jóvenes inadaptados, tema que ha alcanzado especial preocupación en nuestra sociedad occidental, llevándolo a considerar un trastorno conductual.

La conducta antisocial viene a ser considerada còmo aquel comportamiento que no se ha ajustado a la normativa social o moral. Ello, pues, se entiende viene a referir un concepto muy extenso, que va desde los rasgos de personalidad psicopáticos hasta los criterios de trastorno de personalidad antisocial del DSM IV (2001). Es decir, se podría entender la conducta antisocial como aquel comportamiento que infringe las normas e intereses sociales, además de ser una acción perjudicial o dañosa contra los demás, tanto personas como animales o propiedades, siendo su factor principal la agresión.

Los resultados de investigación han evidenciado una mayor vulnerabilidad en salud mental y adaptación social, con presencia de comportamientos de consumo de drogas ilícitas, embarazo precoz, abandono escolar, conductas violentas a nivel de relaciones interpersonales, ... (**Florenzano, 2002**; **Garrido, 2006**; **Garrido, Stangeland y Redondo, 1999**; **Becedóniz, Rodríguez, Herrero y otros, 2005**), amenazando la convivencia social y reduciendo las posibilidades de ajuste psicológico y social en el futuro, siendo un predictor de delincuencia adulta la aparición de conductas antisociales antes de los 15 años (**Garrido, Stangeland y Redondo, 1999**, **Rutter y Giller, 1985**; **Rodríguez y Paíno, 1994**; **Garrido, 2006**). El desarrollo de la conducta antisocial tiende a agrupar diversos factores de riesgo que tienden a ser catalogados en dos apartados (**Sobral, Romero, Luengo y Marzoa, 2000**): Los factores personales o individuales y aquel que agrupa los factores situacionales o contextuales, como la familia, la escuela y, dentro de la misma, el grupo de iguales.

2. Diferencias conceptuales: conducta antisocial-conducta delictiva

Los criterios que se establecen para diferenciar ambos términos pueden tomarse de la misma escala A-D que separa ambas categorías, una para indicar una serie de comportamientos inapropiados, o que se consideran que violan una serie de costumbres morales o la normativa social. La otra categoría, es decir la delictiva remite a conductas de índole delincuencial, que violan no solo normativas sociales, sino también derechos de los demás e implican violación a normas jurídicas o legales, involucrando un mayor grado de agresión hacia los demás y la sociedad en general.(Seisedos, 2009)

De hecho se puede indicar de que todo acto delictivo implica un comportamiento antisocial, más sin embargo todo comportamiento antisocial no implica un acto delictivo, o acto criminal. Pues los comportamientos antisociales como se menciono anteriormente violan normas sociales y costumbres morales y no todos son sancionados por la ley. Es por ejemplo el caso de robos menores que si ya es un acto antisocial, el mismo no tiene consecuencias penales por la magnitud del evento.

3. Clasificación según DSM IV

TRASTORNOS ANTISOCIALES DE LA CONDUCTA

La conducta antisocial se está convirtiendo en un problema serio entre la infancia y la adolescencia. Por ejemplo el caso de los niños de Gran Bretaña, que, a sus 10 años, secuestraron, torturaron, mataron y descuartizaron en la vía del tren a un pequeño de dos años y medio (Taringa, 2013) . No todos los casos llegan a estos extremos, pero los niños y jóvenes con conducta antisocial presentan comportamientos agresivos repetitivos, rupturas y choques más o menos continuados con las normas de casa y de la escuela, robos, y otros más extremos como incendios o vandalismos.

Es muy difícil que un niño presente todos los síntomas. Lo más probable es que haya un síntoma central y otros asociados. Lo más probable es que los adolescentes con conducta antisocial presenten anomalías en otras áreas de rendimiento: hiperactividad, retraso escolar, trastornos de aprendizaje, etc.

En el DSM IV Los criterios diagnósticos requieren una alteración de la conducta, de más de 6 meses de duración, con al menos 3 de los items siguientes: Robo sin enfrentamiento con la víctima (hurto, falsificación...), fuga del hogar familiar durante la noche al menos en 2 ocasiones, mentiras frecuentes, provocación deliberada de incendios, absentismo escolar, violación de la propiedad privada, destrucción de propiedad privada, crueldad con animales, violación sexual, empleo de armas, inicio de peleas, robo con enfrentamiento (o extorsión) y crueldad física con la gente. Los tipos de trastorno son:

- **GRUPAL**, si se da en la vida de grupo con los compañeros.

- **AGRESIVO SOLITARIO**, cuando no es una actividad de grupo.

- **INDIFERENCIADO**, cuando no corresponde a los dos grupos anteriores.

- **NEGATIVISMO DESAFIANTE**. Es una forma menor consistente en conductas negativas, hostiles o desafiantes, pero sin llegar a incluir violaciones de los derechos de los demás. Los criterios diagnósticos exigen una alteración de más de 6 meses, con al menos 5 de los siguientes items: cólera fácil, discusiones con adultos, desafío ante las normas, conductas hechas para molestar a los demás, extrapunición ante los propios errores, hipersusceptibilidad, actitudes resentidas o irritables, actitudes rencorosas o reivindicativas, uso de blasfemias, reniegos o de lenguaje obsceno. Vale la pena efectuar diagnóstico diferencial con incipientes trastornos psicóticos (negativismo en la esquizofrenia) o con episodios depresivos y maníacos.

3.1 Causas de la conducta antisocial según DSM

Suele aparecer en jóvenes de familias marginales o muy inestables. Es frecuente que ellos, a su vez, hayan sido víctimas de malos tratos o de abusos sexuales. Los trastornos mentales graves (esquizofrenia, paranoia, trastornos de la personalidad) o anormalidades neurológicas suelen abundar en sus entornos familiars. A menudo vemos trastornos de la conducta en niños que presentaban TDAH. (Pichot y col., 2001, p. 91-93)

Puede aparecer en asociación con trastornos de la personalidad (lo que antes se llamaba "personalidad psicopática"). El trastorno de personalidad, por definición, es una evolución deformada de la personalidad, innata, estable y prácticamente imposible de modificar. Uno de los trastornos de personalidad más destructivos, la personalidad sádica, puede amplificar de forma dramática el comportamiento antisocial. Se trata de un patrón patológico de conducta cruel, dirigida hacia los demás, y que se identifica al principio de la edad adulta. Pautas de conducta cruel con animales son frecuentes en niños con futura personalidad sádica. En estos casos, la crueldad suele actuar como un método de dominación en las relaciones interpersonales, más que como una fuente de placer.

Los trastornos antisociales del comportamiento, así como los casos de personalidad sádica, no son excesivamente frecuentes en la población general (9% de varones y 2% de mujeres en edad prepuberal presentan, en algún momento, conducta antisocial) pero es casi generalizado en poblaciones forenses (niños con antecedentes delictivos).

Evolución

Las conductas antisociales tienen, a menudo, consecuencias inmediatas serias tanto para el que las lleva a cabo (expulsión de la escuela, clima familiar alterado, hospitalización...etc) como para aquellos con los que interactúa (padres, maestros, compañeros...etc). Aparte de estos efectos inmediatos, las consecuencias a largo plazo son también lamentables, ya que los problemas de estos jóvenes suelen continuar en la vida adulta aumentando, con ello, el riesgo de una mala adaptación personal y social.

Hay un conjunto de medidas problemáticas tales como pelearse, desobedecer, mentir, robar, que los padres y maestros deben afrontar en el curso del desarrollo normal. De todas formas, lo más significativo de las conductas antisociales en los niños normales, es que tienden a desaparecer durante el desarrollo y/o en respuesta a las actuaciones de los padres, maestros y compañeros. Su persistencia e intensidad extrema es lo que les da carácter de disfunción clínica. Diversa investigaciones citadas por Azrin (1988) concluyen:

1. Las conductas antisociales tales como pelearse, negativismo, destructividad, mentir y otras son relativamente frecuentes en distintos momentos del desarrollo normal. El hecho de que ocurran en proporciones significativas de niños, a menudo cerca de o sobrepasando la mayoría, significa que su mera aparición no es clínicamente significativa ni predictiva del curso futuro.

2. Muchas conductas antisociales declinan en el curso del desarrollo normal. Así pues, la significación de la conducta antisocial desde el punto de vista clínico puede proceder de varias consideraciones del desarrollo. El momento del desarrollo en que aparecen determinadas conductas y su curso y persistencia a lo largo del tiempo son relevantes para el pronóstico.

El inicio temprano y la amplitud de la perturbación (afectando diversas áreas de funcionamiento) así como su intensidad, son indicadores de mal pronóstico.

En este tipo de trastornos hay que temer **complicaciones**, en forma de problemas con la ley, traumatismos (peleas, etc.). En personas con estos trastornos, si persisten en la edad adulta, abunda también el número de muertes violentas.

El curso del trastorno es imprevisible. Son más leves los casos secundarios en los que el negativismo desafiante es consecuencia de un proceso tratable, como por ejemplo una depresión.

3.2 TRASTORNO DISOCIAL (TD)
I. DEFINICIÓN Y CARACTERÍSTICAS

Las personas con Trastorno Disocial se caracterizan por mostrar un patrón de comportamiento persistente y repetitivo en el que suelen incumplir importantes normas sociales propias de su edad y vulnerar los derechos básicos de los otros. (et al, p. 93)

El Trastorno Disocial es de **inicio temprano** si, antes de los 10 años, muestra al menos una característica del trastorno. Es frecuente entre las personas con trastorno disocial de inicio temprano la manifestación, durante la primera infancia, de un TDA-H o de un Trastorno negativista desafiante. El inicio precoz predice un pronóstico peor, un mayor riesgo de presentar un trastorno de conducta persistente y de desarrollar un trastorno antisocial de la personalidad en la etapa adulta.

El Trastorno Disocial de **inicio en la adolescencia** presenta menor despliegue de comportamientos agresivos aunque sí reacciones desmedidas e incumplimiento sistemático de normas, especialmente en presencia de otros. El pronóstico es menos grave dependiendo básicamente del rango de conductas mostradas y de las condiciones, recursos y habilidades puestas en marcha por el entorno social.

El trastorno disocial se caracteriza por la presencia de comportamientos agresivos: amenazas, intimidaciones, provocación de peleas, utilización de armas, crueldad física con personas y/o con animales, robos con enfrentamiento e intimidación, violencia sexual y violación grave de las normas establecidas. En la génesis del trastorno los comportamientos menos graves (mentir, robar en tiendas, peleas físicas...) suelen aparecer antes, mientras que otros (robos con asalto, uso de armas, violaciones...) lo hacen posteriormente.

Este tipo de comportamientos manifestados en los ambientes próximos (familia, barrio, escuela...) y en la relación con personas conocidas (padres, vecinos, compañeros...) generan graves conflictos que suelen agravarse progresivamente (escalada del conflicto o efecto bola de nieve): el entorno,

Ante sus comportamientos, se va volviendo cada vez más hostil y, ante esta hostilidad, el niño/adolescente responde con mayor agresividad y encono.

La presencia de un trastorno disocial implica, siempre, un deterioro significativo en las actividades familiares, escolares y sociales de la persona. Las consecuencias de sus comportamientos pueden derivar en medidas judiciales, educativas y sociales que, en ocasiones, suponen contención, alejamiento o exclusión.

Las personas con trastorno disocial suelen presentar, en menor o mayor grado, algunas características específicas de personalidad: escasa empatía y preocupación por los demás, dificultades para percibir los sentimientos, deseos e intenciones ajenas (los interpretan de forma hostil), insensibilidad y poca capacidad para reconocer la culpa o mostrar remordimiento, autoestima distorsionada (baja o alta), inestabilidad emocional y muy baja tolerancia a la frustración.

3.3 DIAGNÓSTICO
Criterios diagnósticos (DSM-IV):

(A) Cumplimiento de tres o más de los siguientes patrones de comportamiento

Agresión a personas y animales:
(1) A menudo fanfarronea, amenaza o intimida a otros
(2) A menudo inicia peleas físicas
(3) Ha utilizado un arma que puede causar daño físico grave a otras personas (p. ej., bate, ladrillo, botella rota, navaja, pistola)
(4) Ha manifestado crueldad física con personas
(5) Ha manifestado crueldad física con animales
(6) Ha robado enfrentándose a la víctima (p. ej., ataque con violencia, arrebatar bolsos, extorsión, robo a mano armada)
(7) Ha forzado a alguien a una actividad sexual

Destrucción de la propiedad:
(8) Ha provocado deliberadamente incendios con la intención de

causar daños graves

(9) Ha destruido deliberadamente propiedades de otras personas (distinto a provocar incendios)

Fraudulencia o robo:

(10) Ha violentado el hogar, la casa o el automóvil de otra persona

(11) A menudo miente para obtener bienes o favores o para evitar obligaciones (tima a otros).

(12) Ha robado objetos de cierto valor sin enfrentamiento con la víctima (p. ej., robos en tiendas sin allanamiento ni destrozos; falsificaciones)

Violaciones graves de normas:

(13) A menudo permanece fuera de casa de noche a pesar de las prohibiciones paternas, iniciando este comportamiento antes de los 13 años de edad.

(14) Se ha escapado de casa durante la noche por lo menos dos veces, viviendo en la casa de sus padres o en un hogar sustitutivo (o sólo una vez sin regresar durante un largo periodo de tiempo)

(15) Suele hacer novillos en la escuela, iniciando esta práctica antes de los 13 años de edad

(B) El trastorno disocial provoca deterioro clínicamente significativo de la actividad social, académica o laborar.

(C) Si el individuo tiene 18 años o más, no cumple criterios de trastorno antisocial de la personalidad.

4. Clasificaciòn según DSM V

Es importante señalar los cambios del DSM IV-TR al DSM V en cuanto a las categorías y los criterios vinculados al diagnòstico de los trastornos relacionados a la conducta antisocial.

Uno de los cambios relevantes es que en el DSM V se incluye una nueva categoría denominada: Trastornos destructivos del control de impulsos y de la conducta, dentro de la cual se incluye el trastorno discocial ahora con el nombre de Trastorno de la conducta.

Adicional en ese apartado se incluye el trastorno de la personalidad antisocial, cuyos criterios se especifican en los denominados trastornos de la personalidad.

A continuaciòn presentamos los criterios para el diagnòstico de el Trastorno de conducta según DSM V.

A. Un patrón repetitivo y persistente de comportamiento en el que no se respetan los derechos básicos de otros, las normas o reglas sociales propias de la edad, lo que se manifiesta por la presencia en los doce últimos meses de por lo menos tres de los quince criterios siguientes en cualquier de las categorías siguientes, existiendo por lo menos uno en los últimos seis meses:

Agresión a personas y animales (criterios 1-7), destrucción de la propiedad (criterios 8 y 9), engaño o robo (criterios 10-12) y incumplimiento grave de normas (criterios 13-15):

1. A menudo acosa, amenaza o intimada a otros.

2. A menudo inicia peleas.

3. Ha usado un arma que puede provocar serios daños a terceros (p. ej., un bastón, un ladrillo, una botella rota, un cuchillo, un arma).

4. Ha ejercido la crueldad física contra personas.

5. Ha ejercido la crueldad física contra animales.

6. Ha robado enfrentándose a una víctima (p. ej., atraco, robo de un monedero, extorsión, atraco a mano armada).

7. Ha violado sexualmente a alguien.

8. Ha prendido fuego deliberadamente con la intención de provocar daños graves.

9. Ha destruido deliberadamente la propiedad de alguien (pero no por medio del fuego).

10. Ha invadido la casa, edificio o automóvil de alguien.

11. A menudo miente para obtener objetos o favores, o para evitar obligaciones (p. ej. "engaña" a otros).

12. Ha robado objetos de valor no triviales sin enfrentarse a la víctima (p. ej., hurto en una tienda sin violencia ni invasión; falsificación).

13. A menudo sale por la noche a pesar de la prohibición de sus padres, empezando antes de los 13 años.

14. Ha pasado una noche fuera de casa sin permiso mientras vivía con sus padres o en un hogar de acogida, por lo menos dos veces o una vez sí estuvo ausente durante un tiempo prolongado.

15. A menudo falta en la escuela, empezando antes de los 13 años.

B. El trastorno del comportamiento provoca un malestar clínicamente significativo en las áreas social, académica o laboral.

C. Si la edad del individuo es de 18 años o más, no se cumplen los criterios de trastorno de la personalidad antisocial.

Especificar si:

312.81 (F91.1) Tipo de inicio infantil: Los individuos muestran por lo menos un síntoma característico del trastorno de conducta antes de cumplir los 10 años.

312.82 (F91.2) Tipo de inicio adolescente: Los individuos no muestran ningún síntoma característico del trastorno de conducta antes de cumplir los 10 años.

312.89 (F91.9) Tipo de inicio no especificado: Se cumplen los criterios del trastorno de conducta, pero no existe suficiente información disponible para determinar si la aparición del primer síntoma fue anterior a los 10 años de edad.

Especificar si:

Con emociones prosociales limitadas: Para poder asignar este especificador, el individuo ha de haber presentado por lo menos dos de las siguientes características de forma persistente durante doce meses por lo menos, en diversas relaciones y situaciones. Estas características reflejan el patrón típico de relaciones interpersonales y emocionales del individuo durante ese período, no solamente episodios ocasionales en algunas situaciones. Por lo tanto, para evaluar los criterios de un especificador concreto, se necesitan varias fuentes de información. Además de la comunicación del propio individuo, es necesario considerar lo que dicen otros que lo hayan conocido durante periodos prolongados de tiempo (p. ej., padres, profesores, compañeros de trabajo, familiares, amigos).

Falta de remordimientos o culpabilidad: No se siente mal ni culpable cuando hace algo malo (no cuentan los remordimientos que expresa solamente cuando le sorprenden o ante un castigo). El individuo muestra una falta general de preocupación sobre las consecuencias negativas de sus acciones. Por ejemplo, el individuo no siente remordimientos después de hacer daño a alguien ni se preocupa por las consecuencias de transgredir las reglas.

Insensible, carente de empatía: No tiene en cuenta ni le preocupan los sentimientos de los demás. Este individuo se describe como frío e indiferente. La persona parece más preocupada por los efectos de sus actos sobre sí mismo que sobre los demás, incluso cuando provocan daños apreciables a terceros.

Despreocupado por su rendimiento: No muestra preocupación respecto a un rendimiento deficitario o problemático en la escuela, en el trabajo o en otras actividades importantes. El individuo no realiza el esfuerzo necesario para alcanzar un buen rendimiento, incluso cuando las expectativas son claras, y suele culpar a los demás de su rendimiento deficitario.

Afecto superficial o deficiente: No expresa sentimientos ni muestra emociones con los demás, salvo de una forma que parece poco sentida, poco sincera o superficial (p. ej., con acciones que contradicen la emoción expresada; puede "conectar" o "desconectar" las emociones rápidamente) o cuando recurre a expresiones emocionales para obtener beneficios (p. ej., expresa emociones para manipular o intimidar a otros).

5. Principales modelos teóricos explicativos de la conducta antisocial delictiva.

5.1 Modelos neurobiológicos

Si es cierto que hay un avance en la neuroimagenología, lo que dicen los investigadores es que se requiere de mayores estudios de los cerebros de individuos antisociales para determinar con mayor exactitud la relación entre áreas del cerebro y comportamientos delictivos y antisociales.

Al respecto, sobresalen los estudios de Virkunnen, quienes relacionaron la función serotonérgica con trastornos relacionados al control de los impulsos. Con posterioridad, el grupo de Coccaro ha relacionado con bastante éxito la función serotonérgica con comportamientos del tipo antisocial (Gallardo, 2009, p.193), como por ejemplo la agresión impulsiva. La serotonina (5-HT) no ha sido el único neurotransmisor implicado en el comportamiento antisocial, aunque sí el más importante. Concretamente, se ha demostrado que niveles bajos de 5-HT se asocian a niveles más elevados de impulsividad y agresividad, e incluso las manipulaciones que reducen los niveles de 5-HT incrementan posteriormente los niveles de impulsividad y agresividad (Trainor, 2007, p.536). También se han visto implicados otros neurotransmisores, como la dopamina. Así, parece que el comportamiento agresivo requiere que las neuronas dopaminérgicas mesocorticolímbicas permanezcan intactas [cuatro], aunque estas neuronas también están implicadas en aspectos motivacionales en otros comportamientos.

El ácido-aminobutírico (GABA), la noradrenalina, el óxido nítrico o la monoaminooxidasa (MAO), entre otros, también se han relacionado de una forma u otra con aspectos del comportamiento antisocial (Gallardo, 2009,p.193)

Por otra parte las hormonas esteroides se han involucrado en comportamientos relacionados con la conducta antisocial, como la agresión. La castración, por ejemplo, reduce enormemente las conductas agresivas en

muchas especies, aunque algunos estudios recientes han documentado ciertas excepciones (Gallardo,2009)

Sin embargo, incluso en humanos, la testosterona desempeña un papel muy importante. En un estudio reciente, Hermans, Ramsey y Honk (2008) administraron testosterona a voluntarias jóvenes y posteriormente se exploró, mediante resonancia magnética funcional, la respuesta de diferentes zonas cerebrales frente a una tarea de reconocimiento de expresiones faciales. Encontraron que aquellas áreas que presentaban una activación mayor eran la amígdala y el hipotálamo, junto con la corteza orbitofrontal, regiones todas ellas involucradas en conductas agresivas y en el control del impulso en humanos, aspectos relacionados al comportamiento antisocial (Carlson, 1996, p.311)

Es posible que la diferente respuesta de algunos niños a la adversidad infantil sea el resultado de las diferencias individuales en el funcionamiento de su sistema nervioso. Quien primero investigó esta hipótesis fue el grupo de Cadoret (1995), utilizando un estudio realizado con niños adoptivos y padres adoptantes biológicos. Observaron el comportamiento antisocial y varias medidas de agresividad en un grupo de adoptados de los cuales se tenía constancia de los historiales judiciales y hospitalarios de los padres biológicos, así como de los adoptivos. Encontraron que el comportamiento antisocial de los padres biológicos predecía un incremento en diferentes formas de conducta antisocial. También encontraron que el ambiente de crianza influía significativamente en el incremento de comportamiento antisocial. En conclusión, el grupo de Cadoret encontró que la interacción entre factores genéticos y ambientales, así como los ambientales en sí, eran responsables de la variabilidad en la agresividad y del trastorno de conducta en los adoptados.

Sin embargo, este estudio pasó bastante desapercibido y no fue hasta 2002 cuando empezó a resolverse la dicotomía entre genes y ambiente en el ámbito del comportamiento antisocial y se retomó este problema. El grupo de Caspi y Moffit (2002), del Institute of Psychiatry de Londres, fue el primero en demostrar una relación directa entre el efecto del entorno en combinación con un gen particular, el de la MAOA, cuando investigaron una población de chicos, desde la infancia hasta la edad adulta, en el marco de un estudio longitudinal.

Por otro lado según lo indica Olivia(2004), hallazgos en el campo de la neurobiología relacionados con los diferentes ritmos de maduración de los sistemas cerebrales de la recompensa y la inhibición ayudan a entender los comportamientos arriesgados e impulsivos del adolescente, y están en la línea de algunos mecanismos psicológicos que han sido propuestos como explicaciones de los mismos. (Olivia, 2004, p. 119 -120).

Por un lado está la propuesta que sugiere la influencia de circuitos motivacionales e inhibitorios sobre algunas conductas de riesgo y por otro la utilización de la teoría de los marcadores somáticos para fundamentar el comportamiento antisocial.

Los trabajos de Damasio, ofrecen una excelente explicación neurobiológica de cómo estados emocionales de los que no siempre somos conscientes influyen en muchas de nuestras decisiones cotidianas, especialmente en aquellas que tienen que ver con la esfera social y personal. (Damasio, 2006).

Sin embargo, intentar explicar la conducta antisocial a partir de uno de estos modelos sería reduccionista.

En este sentido, es razonable pensar que los fundamentos biológicos presentados en relación con la teoría de los marcadores somáticos estén relacionados con algunos de los factores de riesgo antes, como la falta de empatía o la impulsividad, y por lo tanto, influyan en la génesis del comportamiento antisocial, especialmente en los casos más graves y no limitados a la adolescencia. (et al)

En cambio, las actividades antisociales más comunes de los adolescentes pueden considerarse como un sub-tipo de conductas de riesgo, y por lo tanto verse afectadas por los desfases en los ritmos de maduración de los circuitos cerebrales descritos por Chambers, Taylor y Potenza (2003). Según Oliva, estos procesos neurobiológicos serían un factor más a incluir en un modelo sistémico que recogería factores de riesgo biológicos, psicológicos y sociales, entre los que se establecerán relaciones y procesos complejos que habría que estudiar en profundidad. (Olivia, 2004).

Como han sugerido recientemente Granger y Kivlighan (2003), la próxima fase en la investigación evolutiva necesita ir más allá de la mera descripción, y

Elaborar teorías que capaciten a los investigadores para especificar, probar y refinar hipótesis sobre cómo interactúan los procesos fisiológicos, conductuales y contextuales para influir sobre el desarrollo de conductas antisociales. (Grander, Kivlighan, 2003).

5.2Modelos psicosociales

Existen un conjunto de teorías explicativas del comportamiento antisocial y conductas delictivas en la adolescencia, dentro de las cuales mencionaremos algunas de las más relevantes.

Dentro de este conjunto de teorías podemos mencionar: las teorías del aprendizaje social, Las teorías de la asociación diferencial, las teorías de las subculturas, y las teorías de la anticipación diferencial. A estas teorías también se les denomina teorías de socialización deficiente.

Las teorías del aprendizaje social entienden la conducta antisocial como el resultado de conductas aprendidas ya sea mediante condicionamiento clásico, operante o vicario.

Sin embargo, es el aprendizaje observacional el que explica de manera más efectiva como se origina la conducta antisocial, mientras que el condicionamiento clásico y operante, apuntarían a como estos comportamientos se mantienen en el tiempo.

Bandura(1969) postula tres fuentes del aprendizaje de conductas agresivas:

La primera remite a la familia, que es la principal fuente de aprendizaje de la agresión. La segunda remite a las influencias subculturales, que se relacionan al ambiente lugar donde reside el individuo, y la tercera al modelado simbólico, que se refiere al aprendizaje por medio de la observación de modelos reales, imágenes, o palabras.

Por otra parte la teoría de la asociación diferencial postula que se puede ser o no delincuente o no dependiendo del lugar de origen. Suterland (1957) considera que el aprendizaje es el producto de factores de socialización, y el individuo puede ser influenciado por grupos que siguen las normas y leyes, u otros que las violan.

En conclusión la asociación diferencial con grupos delincuentes o no , de acuerdo a las oportunidades y afinidad del individuo con estos grupos , es un tanto limitada para interpretar la criminalidad.

Otra de las teorías relevantes es la de la subcultura, las cuales son estructuras formadas por grupos que se apartan o rechazan la moralidad de la mayoría.

Por ejemplo las pandillas se originan como un grupo de jóvenes que repudian las condiciones sociales de los barrios pobres, tomando en cuenta las dificultades para ascender en la escala social.

Adicional muchos de estos jóvenes fracasan en la escuela, cerrándose aun más el camino hacia el progreso, y es en estas subculturas donde encuentran a otros sujetos con las mismas necesidades y creencias que se tornan agresivas y rechazantes de los valores del resto de la sociedad.

Cohen (1955) atribuye cinco características de la conducta de los jóvenes que forman este tipo de grupos:

1. La calidad no utilitaria: que la conducta delincuencial no persigue no un beneficio económico, sino una satisfacción personal

2. Maliciosa: El único propósito es causar daño o perturbación a la gente.

3. Negativa: La subcultura delincuente se origina por una polaridad negativa con los valores de la sociedad, y no por valores diferentes.

4. Hedonismo: La subcultura delincuente busca gratificación inmediata.

5. Autonomía: el joven en estas subculturas, ignora o rechaza la autoridad de padres, profesores, etc.

6. , y solo se adhiere a las reglas del grupo.

Por últimos tenemos la teoría de la anticipación diferencial, la cual propone que cuando un individuo realiza o rechaza la comisión de un acto delictivo lo hace en función de las expectativas sobre las consecuencias de tal hecho.

La modulación de estas expectativas se hará en función de: La totalidad de los vínculos sociales convencionales y criminales del individuo. El aprendizaje social a través de modelos de comportamiento y refuerzo directo de las conductas sociales o antisociales. La percepción de necesidades, oportunidades y riesgos de las circunstancias que rodean el posible acto delictivo. (Muñoz, 2004)

5.3 Teorías explicativas basadas en rasgos

a. Concepto de rasgos

De acuerdo a Allport (1957) la unidad primaria de la personalidad es el rasgo. Hacer una lista de los rasgos de la persona proporciona una descripción de su personalidad

Según Gordon Allport (1957) el rasgo es un sistema neuropsiquico generalizado y focalizado (peculiar del individuo) con la capacidad para hacer muchos estímulos funcionalmente equivalentes y para iniciar y guiar formas consistentes (equivalentes) de conducta adaptativa y expresiva.

b. Teoría de Lykken

Lykken (1995) propuso en su obra *The antisocial personalities* un modelo para explicar el origen del comportamiento antisocial. Según él, una vía posible para el desarrollo del comportamiento antisocial conlleva una expresión elevada de una serie de rasgos temperamentales. Un alto nivel en esos rasgos dificultaría el proceso de socialización, lo que se traduciría en dificultades para desarrollar una conciencia. Los rasgos temperamentales que este autor propone son la búsqueda de sensaciones, la impulsividad y la ausencia de miedo. La relación entre temperamento y delincuencia es probabilista (en términos de vulnerabilidad o diátesis), nunca determinista. Temperamento y socialización son factores relacionados. Existen evidencias empíricas consistentes con el modelo de Lykken. Por ejemplo, los resultados del estudio longitudinal de Dunedin demuestran el valor del bajo control para predecir comportamiento problemáticos. Krueger, Caspi, Moffitt, Silva y McGee (1996) encontraron que un grupo de personas diagnosticadas de adicción a sustancias obtenía puntuaciones inferiores en control a un grupo de contraste, y superiores en emotividad negativa. Trabajando sobre esa misma muestra, Krueger (1999) observó que los bajos niveles de control predecían la dependencia de sustancias a los dieciocho años y el diagnóstico de TAP (Trastorno Antisocial de Personalidad) a los veintiún años. La hipótesis del bajo miedo se ha centrado en el estudio de respuestas psicofisiológicas en psicópatas clasificados mediante el

PCL-R. Las respuestas estudiadas incluyen la actividad cardiovascular (Ishikawa, Raine, Lencz, Birhle y Lacasse, 2000), la respuesta electrodérmica (Blair, Jones, Clark y Smith, 1997) y el reflejo de sobresalto (Patrick, Bradley y Lang, 1993; Patrick, Cuthbert y Lang, 1994; Levenston, Patrick, Bradley y Lang, 2000; Sutton, Vitale y Newman, 2002). En general, los resultados sugieren que el psicópata es una persona con una respuesta emocional aversiva atenuada. Herrero, Ordóñez, Salas y Colom (2002) contrastaron algunos de los aspectos del modelo de Lykken. Se construyó y validó una escala de personalidad diseñada para medir los tres rasgos temperamentales propuestos por Lykken: la Escala de Dificultades de Temperamento de Cantoblanco Reducida (EDTC-R). Herrero et al (2002) compararon una muestra de adolescentes con una muestra de internos. Los primeros puntuaron por encima de los delincuentes en impulsividad y búsqueda de sensaciones, pero no se observaron diferencias en ausencia de miedo. Herrero et al (2002) sugieren que la adolescencia es una fase del ciclo vital en la que la expresión de las dificultades de temperamento y, por lo tanto, la vulnerabilidad al comportamiento antisocial son muy intensas. (Herrero, Salas y Colom, 2002, p.340-343).

Previsiblemente, la población adulta no delincuente se ubicaría por debajo de los adolescentes, tanto por su mayor maduración biológica como por la exposición extensiva a los procesos de socialización. Los delincuentes adultos, que según Lykken (1995) expresan niveles elevados de dificultades de temperamento, deberían puntuar por encima de la población general, pero no comparado con grupos adolescentes.

C.Teoría de Eysenck

Eysenck (1985) propone un modelo para analizar la personalidad a partir de rasgos o dimensiones que varían en un continuo de orden cuantitativo. El propone dos rasgos de orden superior que considera trasfondo de la personalidad, el primero extraversión – intraversión, y el segundo emocionalidad estabilidad. (Carven y Michael, 2005, p.65-66)

La dimensión de extraversión tiene que ver con tendencia a la sociabilidad, búsqueda de excitación, vivacidad, etc. La dimensión de estabilidad emocional atañe a la facilidad o la frecuencia con la que la persona molesta y perturba , en este caso el sujeto con puntuación elevada en la escala presenta mal humor , ansiedad depresión, inestabilidad emocional (Eysenck, 1947). Sus fuertes reacciones emocionales le interfieren para lograr una adaptación adecuada, y le hacen reaccionar de una manera irracional y rígida. Cuando un sujeto marca alto tanto en esta escala como en extraversión, se espera un sujeto con un comportamiento agresivo, quisquilloso.

Un tercero es el psicoticismo que desde nuestro punto de vista es uno de los más relacionados a la conducta antisocial. En este sentido a este rasgo se le llama también Dureza (Eysenck, 2007). Cuando este rasgo (en el cuestionario EPQ) puntúa elevado describe a un sujeto en este caso adolecente como raro y solitario, se mete en problemas, es frío, y falto de sentimientos humanitarios con compañeros y animales, es agresivo y hostil inclusive con parientes.

Tales jóvenes intentan suplir su falta de sentimientos entregándose a la búsqueda de sensaciones dolorosas sin pensar en los riesgos implicados. En estos jóvenes la empatía los sentimientos de culpabilidad o la sensibilidad hacia los demás son nociones que le resultan extrañas o desconocidas.

Como se observa los términos psiquiátricos que se asemejan a este rasgo y tipo de conducta es el de los esquizoides y psicópatas, en este caso son los últimos los que nos interesan y se pueden vincular claramente a problemas de conducta o conducta antisocial

Si es cierto que este último rasgo se vincula más claramente al comportamiento antisocial, lo que Eysenck (2007) propone es una quinta escala en la cual indica el nivel o tendencia de conducta antisocial que el sujeto presenta como resultado de la combinación de elementos de todos las dimensiones anteriormente señaladas, inclusive también se incluye una escala de sinceridad que también surgiere el nivel de sinceridad con la que el sujeto respondió el test, que es el auto reporte que permite realizar un perfil de cada sujeto sobre estas dimensiones.

En nuestro estudio lo interesante será observar la diferencias de estas dimensiones entre los grupos , si existe, y de qué manera se relacionan a las variaciones que se puedan encontrar en el registro de conducta antisocial media en la escala A- D que es el instrumento que se utilizara para medir nuestra variable dependiente (conducta antisocial).

D. Enfoque cognitivo de la personalidad antisocial

Los trabajos de Cleckley (1976) y Robins (1966) ayudaron a trazar el mapa de ciertos rasgos de la personalidad en lo individuos antisociales.

Los criterios del DSM –IV para el trastorno antisocial de la personalidad, representa una pauta duradera de conducta y experiencia interna que se desvía marcadamente de las expectativas de la cultura del individuo.

Las áreas mencionadas incluyen la cognición, la interpersonal, la afectiva y la de control de impulsos.

La visión del mundo de los sujetos con Trastornos de personalidad antisocial es más personal que interpersonal. Se puede decir que en términos cognitivos sociales, no pueden sostener otra visión que no sea la suya propia, y en ese sentido no se pueden poner en la piel del otro. (*Beck A, Freeman A. y otros ,2005, p. 194*).

Su visión de sí mismos consiste en un sistema de valoraciones y atribuciones autoprotectivas. Por ejemplo, puede ser que lo que están haciendo sea sólo pedir prestado fondos de un empleador, pues devolverán el dinero en cuanto sus apuestas comiencen a dar dividendos.

El individuo antisocial se ve a sí mismo como inteligente, persistente y obligado por las circunstancias, pero si alguien hace lo mismo, entonces es un patético ladrón. (et al, p. 195)

Aunque no se puede definir un tipo específico de cogniciones en los individuos con TAP, lo que sí se puede definir es que sus pensamientos automáticos reflejan temas comunes relacionados con estrategias pragmáticas para conseguir sus objetivos inmediatos. Otro denominador común es que las reglas por las que se rigen son significativamente diferentes de las de la gente común y el objetivo de su vida es limitar o evitar todo control ajeno.

Hay una serie de pensamientos distorsionados asociados de alguna manera a las conductas desadaptativas.

Entre este tipo de pensamientos se pueden mencionar un conjunto de creencias que por lo general guían la conducta del individuo con personalidad antisocial (et al, p.205-207). Estas son:

1. Justificación: Mis acciones se justifican por que quiero algo o quiero evitar algo.

2. Todo lo que e piensa es verdad: Mis pensamientos y sentimientos son totalmente exactos, simplemente porque se me han ocurrido.

3. Infalibilidad personal: Siempre elijo bien.

4. Lo que se siente es lo real: sé que tengo razón porque siento que está bien lo que hice.

5. Impotencia de los otros: Lo que piensan los otros no tiene por qué pesar en mis decisiones, a menos que controlen las consecuencias inmediatas para mí.

6. Consecuencias de bajo impacto: No habrá consecuencias indeseables, o no me importarán.

Los pensamientos y reacciones automáticas del paciente antisocial son frecuentemente distorsionados por creencias interesadas, que subrayan las satisfacciones inmediatas y personales y minimizan las consecuencias futuras. La creencia subyacente de que siempre tienen la razón hace imposible que cuestionen sus acciones.

En los distintos pacientes varía el grado de confianza o desconfianza respecto de los otros, pero ninguno suele buscar orientación o consejo sobre una acción particular. Una persona con TAP que desea algo lo tomará sin siquiera entender las posibles consecuencias o manifestar interés sobre las mismas.

CAPÌTULO III
Tratamiento de los trastornos de la conducta

1. Tratamiento de las perturbaciones de conducta

Son varios los tratamientos en los que existen pruebas empíricas acerca de su eficacia y que se revelan como prometedores para el tratamiento de los menores con problemas de conducta.

El adiestramiento educativo de los padres ha demostrado ser muy efectivo en disminuir la conducta agresiva y provocativa de los chicos. Después del entrenamiento de los padres, la conducta de los chicos con problemas de comportamiento (en casa y en la escuela) desciende hasta las mismas tasas de sus compañeros no problemáticos. La terapia de conducta es muy efectiva (su efectividad aumenta aún más si se combina con el adiestramiento de los padres) para el tratamiento de conductas específicas. Tales terapias deben ser aplicadas en el marco de centros especialmente dedicados al acogimiento, tratamiento y reinserción de los niños con tales alteraciones.

En el negativismo desafiante las terapias cognitivas son un camino prometedor. Por ahora los datos disponibles demuestran que sus efectos sobre la conducta agresiva o los cambios conductuales sobre la vida diaria, son mejores que los que producen las terapias anteriormente citadas.

Farmacológicamente no se dispone de un tratamiento específico para el trastorno de conducta y/o para la conducta agresiva. La unión de técnicas de modificación de conducta y determinados fármacos (haloperidol/carbonato de litio, e incluso anfetaminas) ha producido modificaciones interesantes en conductas agresivas. Desgraciadamente estos cambios se han observado en casos puntuales, y no han demostrado ser permanentes.

CONDUCTA A SEGUIR (PERTURBACIONES DE LA CONDUCTA)

1. Ante consultas por problemas de este tipo, vale la pena descartar otros procesos, especialmente la depresión infantil. No pocas veces un cuadro depresivo aparece en forma de trastorno antisocial o de negativismo desafiante.

2. Los casos leves pueden ser considerados como trastornos funcionales de la conducta. Su tratamiento será el que, en el apartado destinado a este tipo de problemas dedicamos en el capìtulo IV.

3. Los casos más complejos requieren la acción psiquiátrica, si bien cabe predecir un pronóstico desfavorable. Son más graves los casos que aparecen en ambientes negativos (padres alcohólicos o con trastorno antisocial de la personalidad). El tratamiento requiere la coordinación de medidas psicológicas, sociales e institucionales, que no siempre existen.

En cuanto al abordaje terapéutico de orientación cognitiva, en vez de erigir una mejor estructura moral por medio de la psicoeducación, la terapia cognitiva apela a una mejora de la conducta moral y social mediante la mejora de las funciones cognitivas. Aprovechando en términos generales las principales teorías sobre el desarrollo moral de hombres y mujeres (Gilligan, 1982; Kohlberg,1985) y el desarrollo psicosocial (Erickson, 1950), la terapia cognitiva propone un tratamiento basado en las estrategias de R. Kagan (1986) para fomentar el crecimiento cognitivo (Beck, Freeman y otros, 2005, p. 200). Esto supone cultivar la transición desde las operaciones concretas y la autodeterminación a las operaciones cognitivas más formales del pensamiento abstracto y la consideración interpersonal.

La terapia cognitiva pretende ayudar al paciente con problemas de conducta antisocial, pasar de los pensamientos en términos fundamentalmente concretos e inmediatos, a considerar un espectro más amplio de perspectivas interpersonales, creencias alternativas y acciones posibles.

2. Intervención psicoterapéutica REBT (siglas en ingles) aplicada a la conducta antisocial y delictiva en poblaciones criminales.

La terapia cognitiva, ampliamente definida, ha demostrado ser efectiva con los delincuentes. En particular, parece que es la filosofía RET la idónea para tratar a esta heterogénea población. (Altrows, 2009, p.6).

El trabajo terapéutico de Irwuin Altrows (1995) durante años, apoya la idea de que en la perpetración de un crimen están implicadas cogniciones defectuosas, incluyendo contenidos y procesos cognitivos defectuosos.

En su trabajo terapéutico con criminales adultos, determina que a través de la Terapia racional emotiva conductual, es posible reorientar estas cogniciones defectuosas de manera satisfactoria consiguiendo una reducción de las recidivas. (Altrows, 1995).

En otras investigaciones en la cual se aplica la terapia cognitiva se informa de unos resultados que alcanzan el 30% de reducción de los comportamientos criminales *(Grossman, Martis y Fichtner, 1999; Hall, 1995; Henning Frueh, 1996; véase también Bakker, Hudson y Ward, 2000; Dowden, Blanchette y Serin, 2001; Gendreau, 1998).* Esta cifra es comparable con la reducción del 25% de objetivo conductual producido por los tratamientos psicológicos en general *(Gendreau, 1998).*

El tratamiento ambulatorio tiende a ser más eficaz que el tratamiento en régimen de internado o institucional *(Grossman, Martins y Fichtner, 1999; Hall 1995; Polizzi, Mackenzie y Hickman, 1999; y ver Irvin,Bowers, Dunn y Wang, 1999).*

Pueden ser igual de efectivas tanto la modalidad individual como la terapia en grupo aplicando el modelo de la terapia cognitiva conductual y su variante racional emotiva. *(Irvin, Boers , Dunn y Wang, 1999).*

El tratamiento, la rehabilitación y otros programas de integración, independientemente de si tienen lugar en la cárcel o en la comunidad, pueden beneficiarse de la introducción de componentes de CBT. Los tratamientos pueden verse reforzados por clínicos que aplican en su trabajo la filosofía de RET. (Terapia racional Emotiva)

Seleccionar los tratamientos según la valoración del riesgo del delincuente, según la respuesta a los posibles tratamientos disponibles y el enfatizar los métodos conductuales y cognitivo conductuales, ocasiona una disminución de las reincidencias criminales *(Bonta, Bogue; Crwley &Motiuk, 2001).*

Por otra parte otros estudios en población juvenil, cinco ECA (estudios aleatorizados controlados) y siete EC no aleatorios que incluyeron un grupo de control, realizados en los EE.UU., Canadá y Gran Bretaña sugieren que la Terapia cognitivo-conductual (TCC) en ámbitos residenciales es más efectiva que el tratamiento estándar para reducir el comportamiento delictivo en adolescentes a los 12 meses después de la salida de la institución.

Los resultados son consistentes en todos los estudios aunque los mismos varían en cuanto a la calidad. No existen pruebas de que los resultados de la TCC sean mejores que los de los tratamientos alternativos, es decir, los tratamientos que no sean la TCC. En este caso se habla de terapia cognitiva que es el núcleo de la terapia racional emotiva, aplicada a jóvenes adolescentes con comportamiento criminal, variando la situación de que los mismos no se encuentran en una institución resocializante.

3. Intervención psicoterapéutica racional emotiva conductual en la adolescencia.

El objetivo principal de la terapia racional emotiva en adolescentes es enseñar una actitud de responsabilidad emocional, y esto implica que cada uno es capaz de cambiar como uno se siente (Ellis y Russel, 1990, p.362).

Y es a través de la enseñanza de habilidades de autoanálisis racional y de pensamiento crítico como la RETB instruye a los jóvenes a como ser mejores resolvedores de sus propios problemas emocionales y prácticos.

Como señala Watrers (1883):

"Los sentimientos apropiados se generan por creencias racionales, son una respuesta apropiada a la situación, facilitan la consecución de objetivos, y son generalmente moderadas en oposición a reacciones extremas ; en cuanto a que los sentimientos inapropiados se generan por creencias inapropiadas, son una respuesta inapropiada a la situación, impiden el logro de los objetivos, y son generalmente reacciones extremas".(et al, p. 363).

La REBT propone una serie de metas que pretenden llevar al joven a lograr los objetivos antes mencionados. En el caso de adolescentes de edades entre 1 y 16 años que es la edad de la población objeto de nuestro de estudio se sugiere la siguiente secuencia:

1. Identificar, y diferenciar entre pensamientos, emociones y conductas
2. Diferencias entre sentimientos útiles e inútiles
3. Establecer la conexión entre la propia conversación y los sentimientos
4. Enseñar los ABC
5. Debatir lo horrible
6. Debatir imperativos impersonales y demandas absolutistas
7. Enseñar la auto aceptación
8. Corregir las percepciones erróneas de la realidad

Es obvio que el perfil psicológico de la población que pretendemos tratar, muestra rasgos de inestabilidad emocional y creencias irracionales ligadas a esta, configuradas a los largo de su experiencia. Estas experiencias no solo involucran el ámbito familiar, sino también el ambiental pues los lugares de residencia de estos jóvenes, los llamados barrios, muchas veces son sitios de cultivo de creencias distorsionadas o mal adaptativas.

El circuito que propone la REBT es uno de doble vía, que implica hacer cambios a nivel cognitivo, mediante el debate pensamientos irracionales y la experimentación de hechos (el método empírico), y por el otro lado cambios emocionales como consecuencia de los dos procesos anteriores.

Pese a las consideraciones anteriormente expuestas es fundamental comprender que en el caso de jóvenes con conductas antisociales y marcados rasgos antisociales, existen mayores dificultades para lograr cambios a largo plazo en este tipo de población.

Otra de las limitaciones es el mismo periodo o etapa por la que atraviesan pues como lo señala Young (1983)

"La resolución de problemas prácticos y emocionales, la meta básica de la REBT, se lleva a cabo generalmente persuadiendo a los clientes de poner los conocimientos en práctica en situaciones concretas. Esto generalmente requiere esfuerzo consciente y trabajo duro, rasgos que lamentablemente no destacan en la lista de virtudes de los adolescentes. Los jóvenes clientes están poco dispuestos a esforzarse en ninguna tarea que no comprometa resultados inmediatos. Es importante por lo tanto no abrigar falsas expectativas irrealistas en el tratamiento con adolescentes. La experiencia clínica a demostrado que los quinceañeros por lo general no experimentan cambios de personalidad profundos o dramáticos, viviendo felizmente después como resultado de sus esfuerzos terapéuticos. " (Waters, 1982, p. 99).

Con estas observaciones pretendemos señalar lo difícil que es establecer cambios en adolescente con conducta antisocial a través de un tratamiento psicológico, sin embargo pese a las limitaciones que se presentan, una expectativa realista es lograr cambios conductuales al menos en algunos miembros del grupo, sin pretender a través del tratamiento alcanzar cambios profundos de su personalidad.

CAPÌTULO IV

Terapia de grupo basada en la TREC para el tratamiento de la conducta antisocial.

1. Entrevista individual

Antes de iniciar un tratamiento de esta naturaleza es recomendable realizar entrevistas individuales para obtener un perfil psicológico previo de cada uno de los participantes, esto nos permitirá determinar si existen ciertas caracterìsticas o sintomatologías que pudieran interferir con el desarrollo adecuado de las sesiones.

El plan de tratamiento inicia con la siguiente guía para la entrevista.

ENTREVISTA INDIVIDUAL

En la misma se obtendrá la siguiente in formación:

Datos personales del sujeto.

Genograma.

Antecedentes pisquiatricos-psicològicos. (Incluye experiencias en tratamientos de grupo).

Antecedentes escolares. (Actividades en grupo)

Motivos por los que ingreso al centro.

Breve historia familiar.

En esta entrevista se le explicarà al sujeto los motivos del programa y si desea participar en el mismo.

Se evaluará su actitud y la idea de participar en un grupo.

El nivel de motivación para participar en trabajo en grupo.

Disposición a asistir puntualmente.

Criterios de exclusión

Sintomatología   psiquiátrica o historia de trastornos psicóticos.

Conducta agresiva e impulsiva, con bajo autocontrol.

Antecedentes de conflictos personales con alguno de los otros miembros.

Baja   tolerancia   e incapacidad comprobada a través de antecedentes para trabajar en grupo.

Se sugiere que los grupos esten formados con los siguientes criterios:

Grupos de 7 a 10 jovenes.

Edades de los participantes: 13-18 años.

Luego realice un contrato terapèutico para cada paciente siguiendo el siguiente modelo.

2. CONTRATO TERAPEUTICO

El objetivo de este contrato es el de establecer una serie de pautas o normas que regulen la relación entre usted y cada uno de los miembros del grupo incluyendo al terapeuta, lo cual facilitara el desarrollo y actividades del mismo.

A continuación se establecen las siguientes normas.

1. Tanto el terapeuta como el resto de los miembros garantiza la total confidencialidad de la información que cada uno exprese en las sesiones, siempre y cuando esta información no represente peligro para la vida de usted o de algún otro ser humano.

2. Las sesiones se harán entre una y dos veces por semana, las cuales tendrán una duración aproximada de una hora. El total de las mismas es de 10 a 12 sesiones dependiendo de los avances.

3. Es fundamental asistir puntualmente para no afectar el desarrollo y avance de las sesiones.

4. Después de tres sesiones de inasistencia sin ningún tipo de justificación el participante será retirado del grupo.

5. No es permitido la formación de subgrupos o amiguismos personales entre los miembros del grupo, ni reuniones fuera

de las horas de sesiones en el que se intercambien información del grupo, sino es compartida en las sesiones consecuentemente.

6. Respetar la participación de cada uno de los miembros a través de la escucha atenta, y el apoyo que se le pueda dar al miembro del grupo mediante consejos o recomendaciones.

7. Respetar el derecho de cada uno a participar y a disentir (no estar de acuerdo), manteniendo el respeto y evitando la confrontación de tipo personal.

8. Es clave su participación en las actividades de grupo ya que ello garantiza el avance que usted personalmente pueda tener.

_____
Terapeuta

                _____
                      Participante

3. Procedimiento

A continuaciòn presentamos una guìa con los objetivos, actividades, recursos y materiales para trabajar en cada una de las sesiones, basados en el modelo TREC.

SESION 1

Objetivos.

Establecer una relación empática terapeuta –pacientes.
Promover un clima de bienestar y confianza.

Objetivos específicos.

Establecer reglas y normas basadas en valores por el propio grupo.
Desarrollar breve historia personal.
Establecer objetivos del grupo al finalizar el total de las jornadas

Actividades

Paso I
Presentación del terapeuta.
Inicio de la sesión en la cual cada uno se confeccionara un gafete con su nombre y un distintivo que lo represente.
Presentación de cada uno.

Paso II

Establecimientos de normas, reglas y valores a través de Lluvia de ideas. Las mismas quedaran plasmadas en un documento que un encargado copiara en su libreta. En cada inicio de sesión las mismas serán leídas.

Paso III

El terapeuta dará un ejemplo de su historia personal, luego pedirá a cada miembro que haga la suya de forma escrita. Luego de terminar. Quien quiera compartirla podrá hacerlo.

Paso IV

El terapeuta presentara sus expectativas del grupo, que espera de esa experiencia, y cuál sería su mayor satisfacción. Luego pedirá a cada uno de los miembros que manifieste las suya

Recursos:

Papel bond, pilotos, cartoncillo de colores, Hilo, libreta de apuntes, papelógrafo, plumas, lápices.

SESION 2

Objetivos

Reconocer el lenguaje emocional de cada paciente.
Enseñar diferencias entre emociones, pensamientos y conductas

Actividades

Paso I

Se inicia con la lectura de las normas del grupo.

Luego el terapeuta explica concepto general de las emociones.

Pide que se haga una lista de emociones, que luego se compartirá.

Las mismas se copiaran en el papelografo, mientras el terapeuta retroalimenta.

Paso II

Reconocer las emociones. Expresión de las mismas a través de una dinámica. En la misma se repartirá una emoción escrita y el participante la dramatizarà. En ese mismo orden el terapeuta participa y motiva.

Y resalta la importancia de la expresión de las emociones y la comunicación no verbal.

Paso III

Llenar un cuadro (tabla 1) referente a experiencias en las cuales han perdido el control o experiencias crìticas, para determinar las relaciones y diferencias entre pensamientos, sentimientos y conductas

Recursos y materiales.

Papel bond, pilotos, libreta de apuntes, paleógrafo, plumas, lápices.

Tabla 1

Que sucedió?	Que fue lo que pensaste?	Que fue lo que sentiste?	Que hiciste?

SESION No 3

Objetivos

Enseñar a los pacientes el modelo ABC de la Terapia racional emotiva.

Actividades

Paso I

Lectura de las normas

El terapeuta realizará ejemplos, o metáforas que permitan definir el modelo del ABC. Tratará de establecer un diàlogo con el grupo donde se puedan reconocer e identificar los puntos clave, y relacionarà el modelo ABC a lo visto en la sesión anterior, con la consigna de que lo que sentimos o como nos sentimos depende de los que pensamos.

Paso II

Cada paciente escribirá un ejemplo personal en donde el pueda aplicar el principio, y pueda llegar a un insight del tema.

Luego se intercambiarà información, se compartirá experiencias relacionadas al Modelo.

Paso III

El terapeuta junto al grupo creará una conclusión acerca del tema, y su importancia para comprender el propio comportamiento.

Recursos y materiales.

Papel bond, pilotos, libreta de apuntes, paleógrafo, plumas, lápices.

SESION 4

Objetivos

Enseñar a los pacientes diferencias entre pensamientos flexibles o racionales, y pensamientos irracionales o disfuncionales.

Enseñar còmo a través de los pensamientos podemos distorsionar la realidad y actuar equivocadamente.

Actividades

Paso I

Lectura de las normas (opcional)

El terapeuta hará una presentación psicoeducativa acerca de los conceptos con ejemplos.

Paso II

Se le presentarà al paciente una lista de pensamientos. El trabajo de él es identificar cuál de ellos considera irracionales y cuales racionales.

Luego esto se compartirá entre el grupo y cada uno ofrecerá sus opiniones. El terapeuta intentará concertar ideas y extraer conclusiones.

Paso III

Cada uno a través de una hoja intentará tomar un ejemplo de su propia vida, del pasado, y completará una hoja, donde el mismo identifique pensamientos irracionales asociados a sentimientos, los cuales lo llevaron a caer en ciertos tipos de conductas.

Trataremos en los casos que tengan disposición, de encontrar las causas de estos pensamientos y Como se generaron a lo largo de la vida.

Recursos y materiales.

Papel bond, pilotos, libreta de apuntes, paleógrafo, plumas, lápices.
Tabla 2

Tabla 2

Instrucciones: Cada uno marca (X) en la línea de puntos debajo de la palabra racional o irracional dependiendo de si piensas que el pensamiento es racional o irracional. Recuerda es el pensamientos sensible y veraz , o absurdo y falso.

	Racional	Irracional
Nadie en el mundo será nunca mi amigo	____	____
Sería el más feliz del colegio si fuera el mejor en mi trabajo	____	____
Nunca haré nada bien	____	____
Soy un bruto, por ello no voy bien en la escuela	____	____
Todo el mundo me odia	____	____
Si hago esto mal en mi trabajo, nunca seré bueno en nada	____	____
Deseo tener más amigos en la escuela	____	____
No puedo aguantar hacer los deberes	____	____
Deseo poder jugar el futbol tan bien como lo hace Jose	____	____
Algunas personas no me agradan.	____	____
El mundo es injusto por ello hay que abusar de los otros.	____	____
Yo merezco explotar a los que explotan	____	____
Las personas siempre deben ser justas conmigo	____	____
Si logro someter a los demás, tengo más valor para mis amigos	____	____

Los demás son explotadores por ello debo explotarlos   ____   ____

Yo no merezco vivir mal si otros viven bien   ____   ____

SESION No 5

Objetivos

Identificar cogniciones erróneas perturbadoras en el sujeto, según su experiencia e historia personal.

Identificar distorsiones producidas por errores de inferencia y de razonamiento lógico.

Actividades

Paso I

Lectura de las normas

Aplicación de un esquema que permite registrar cogniciones relacionadas a eventos de la vida cotidiana. En este formato el joven tiene que tomar de referencia una experiencia del pasado, e integrar los distintos puntos vistos en sesiones anteriores, donde se resaltara mecanismos de los pensamientos distorsionados y su relación con sus emociones o sentimientos.

Paso II

Luego de la tarea individual, se compartirá la experiencia en grupo, y el terapeuta jugara un papel de facilitador, siempre retomando el tema y provocando insight entorno al autoconocimientos que cada paciente genere.

Recursos y materiales.

Papel bond, pilotos, libreta de apuntes, papelografo, plumas, lápices.

Tabla No 3

Nombre del consultante:_____ Edad_____Fecha de consulta_____ Sesión No._____Psic_____

Elaborado por: Dr Isaías Madrid. Material en revisión. Fuente de Referencia: A. Beck, A. Ellis, J.Obst. Camerini.

"A" Evento, suceso o situación	Pensamientos	
	Creencias Nucleares Disfuncionales (Beck) **Condena Global (Ellis)**	
	Sobre sí mismo	*Sobre los otros*
	..Este tipo de cosas me suceden porque soy un(a)… • •	...este tipo de cosas me suceden porque ellos (as) • • •
		Sobre el mundo
		...este tipo de cosas me suceden porque la justicia es…

Continuaciòn de la tabla 3

Creencias irracionales: (Demandas absolutistas) (Ellis) pensamientos con frases: necesito, debiera, tengo, merezco, exijo "B" ; acompañadas de categorías absolutistas: siempre, nunca, todo, nada) "i"			C.E. Emociones	Sensación corporal ó Cambios fisiológicos
Demandas absolutistas sobre sí mismo	Demandas absolutistas sobre los demás	Demandas absolutistas sobre el mundo	• Ira • Disgusto • Enojo • Cólera • Resentimiento	• Dolor de cabeza, • Rubor • Palidez
...yo siempre debiera... • • • ...yo nunca debiera... • • • ..a mi siempre debieran • ...a mi nunca debieran •	...los demás siempre debieran... • • • ...los demás nunca debieran... • • ...los demás siempre tienen que... •	...todo el mundo siempre debiera... • • • ...todo el mundo nunca debiera... • • •	• Irritabilidad • Rabia 100% • Miedo • Terror • Angustia • Horror • Tristeza • Pena • Soledad • Vacío • desamparo • Desesperación • Menosprecio • Preocupación	• Mareo • Náuseas • Entumecimiento • Taquicardia • Respiración agitada • Mariposas estomacales • Sudoración • Hormigueo • Aumento del apetito • Pérdida de apetito • Insomnio • Intranquilidad • Pérdida de peso • Estrés, • Hipertensión • Pérdida de deseo sexual

SESION 6

Objetivos

Identificar la relación de este tipo de cogniciones con las emociones y la conducta propia de cada participante.
Reconocer las distorsiones cognitivas ligadas a la conducta antisocial.

Actividades

Paso I

Se inicia con la lectura de las normas del grupo.

Se presenta a los participantes un caso en el cual está implicado un chico que tiene dificultades en sus relaciones interpersonales, y luego termina cometiendo un acto ilegal que lo lleva a la cárcel. En este mismo caso los participantes identificaran cuales son las creencias y pensamientos distorsionados que llevaron al chico a actuar de tal o cual manera? Todo debe estar fundado en lo anteriormente visto. Caso MIguelito

Paso II

Cada uno presentarà sus opiniones, e intercambiaran con el terapeuta sus puntos de vista acerca del caso.

Paso III

El terapeuta integrarà los conocimientos adquiridos, y la experiencia del grupo

Recursos y materiales.

Papel bond, pilotos, libreta de apuntes, papelografo, plumas, lápices. Fotocopias del caso.

<u>Caso Miguelito</u>

Miguelito era un pelao que le gustaba vestir bien con buena marca, de suéter y zapatillas. En casa las cosas no iban bien, sus padres se la pasaban peleando hasta que se divorciaron cuando el tenìa 13 años. Para evitar el conflicto y la pelea Miguelito agarraba la calle desde temprano, él pensaba que la forma de evitar los problemas era huyendo de su casa. En el barrio habían unos amigos que le invitaban a consumir marihuana, el pensó por qué no ?, que puedo perder, y mis padres ni siquiera saben, si ellos andan en sus problemas.

En este grupo de amigos Miguel encontró algo de apoyo, empezó a consumir marihuana, lo cual lo sedaba y olvidaba un poco los problemas, además de que pensaba que la escuela era una pérdida de tiempo, pues también pensaba que era un plomo en la escuela, que nunca iba a salir bien, que era un fracasado.

Una vez estos amigos consumiendo marihuana lo invitaron a hacer un robo, èl mismo les dijò que no, pero ellos lo presionaron, diciéndole: Ah eres un cagon, gallina, y ante esto él se sintió retado por el grupo, y pensó: para que me respeten, voy a hacerlo, no tengo que perder, pues a mis padres no les interesa que me pase, y entonces lo hizo ese día, el llevaba el arma, sintió algo de ansiedad o miedo, sin embargo amenazò con el arma a una anciana dueña del local, salieron corriendo cuando escucharon que unos linces se acercaban, el intento esconder el arma, mientras el otro amigo logro escapar , a él lo agarraron con el dinero. Los linces lo esposaron, terminò preso, con una condena que ahora paga por robo a mano armada.

Que piensas del caso?

Porque crees que le paso esto a Miguel?

Cuáles son los pensamientos erróneos o irracionales que lo llevaron a actuar así?

Que pudo haber hecho Miguel para evitar esto?

SESION 7

Objetivos

Promover el auto concepto en los participantes.
Reconocer la importancia de las autoafirmaciones positivas.

Actividades

Paso I
Se inicia con la lectura de las normas del grupo.

En esta sesión se iniciarà con una retroalimentación de lo anteriormente visto. Cada paciente podrá expresarse libremente, acerca de que considera hasta ahora ha podido comprender de si mismo

Paso II
Se hará una pequeña dinámica de expresión de sentimientos, iniciando con el terapeuta, el cual expondrá sus emociones.

Paso III
Se les repartirá unas copias con una serie de consignas, las cuales serán debatidas en la sesión, y que tiene como objetivo enseñar el principio básico de la auto aceptación.

Paso IV
Luego se les pedirá que llenen una hoja en la cual expondrán sus características con el fin de reconocer en cada uno sus caracterirticas positivas y negativas; para al final hilvanarlas con el tema de la auto aceptación.

Recursos y materiales.
Papel bond, pilotos, libreta de apuntes, papelografo, plumas, lápices. Tabla 4, Tabla 5.

Tabla 4
1. Cualquier persona cometerá errores siempre
2. Nadie es perfecto

3. Los errores no cambian las buenas cualidades de las personas

4. Una persona no es lo mismo que lo que hace

5. Las personas no son malas por que cometen errores

6. Las personas que cometen errores no merecen ser culpadas y castigadas

7. Las razones por las que las personas cometen errores son:
   a. Falta de habilidad
   b. Descuido o juicio pobre
   c. No tener suficiente información
   d. Falsas asunciones
   e. Cansancio o enfermedad
   f. Opinión diferente
   g. Irracionalidad

Tabla 5

Mis Características

Cosas positivas acerca de Mi

Cosas que hago:

1.

2.

3.

4.

5.

Cosas que hago para otras personas

1.

2.

3.

4.

5.

Cosas que siento

1.

2.

3.

4.

5.

Cosas personales

1.

2.

3.

4.

5.

Cosas negativas acerca de Mi (a veces Yo)

Cosas que no hago

1.

2.

3.

4.

5.

Cosas que no hago para otras personas

1.

2.

3.

4.

5.

Cosas que pienso

1.

2.

3.

4

SESION 8

Objetivos

Resolver problemas emocionales experimentados por el paciente.
Promover la red de apoyo entre los participantes utilizando la técnica REBT.

Actividades

Paso I
Se inicia con la lectura de las normas del grupo.
Se retoma el tema anterior y se retroalimenta, lo que haya quedado inconcluso en torno al tema, o si se realizaron ejercicios que permitieron poner en práctica los visto en sesión.

Paso II

Se presenta un caso el cual cada chico debe analizar, el mismo presenta problemas en los cuales el personaje está afectado emocionalmente. Cada cual debe abrir un tapete de posibilidades para resolver el caso, de la manera más racional posible. Reconociendo los factores que influyen en los estados emocionales del personaje, y los posibles pensamientos que lo motivan

Paso III

De acuerdo a lo que se pueda extraer el terapeuta resalta los puntos clave en la forma de solucionar problemas emocionales, expuestos por la REBT.

Paso IV

Luego cada participante expondrá si es posible un problema actual que sea difícil para el sobrellevar. Voluntariamente cada uno lo presentara si desea. El terapeuta motivara al grupo que haga recomendaciones en función de los antes expuesto, sobre pasos de la REBT para solucionar problemas

Recursos y materiales.

Papel bond, pilotos, libreta de apuntes, papelografo, plumas, lápices. Fotocopias del caso

Tabal No 6

LA AUTOACEPTACIÓN

1. Cada persona es compleja no simple

2. Soy complejo, no simple.

3. Cada persona se compone de muchas cualidades positivas y negativas

4. Estoy compuesto por muchas cualidades positivas y negativas.

5. Una persona no es toda buena o mala debido a alguna de sus características

6. No soy totalmente bueno o totalmente malo

7. Cuando me centro solo sobre mis cualidades negativas, me siento pero conmigo mismo

8. Cuando me centro solo sobre las cualidades negativas de otra persona, me siento peor acerca de esa persona

9. Centrarse solo sobre mis cualidades negativas es irracional. Tengo otras cualidades positivas.

10. Cuando pienso pensamientos irracionales sobre mí mismo, consigo más perturbación conmigo que sí creo pensamientos negativos racionales.

Caso Juan

Juan era un pelao que no iba muy bien en la escuela, la profesora le llamaba la atención constantemente, por que se levantaba de la silla y no ponía atención. En su casa su mamà lo regañaba, pero este no hacía caso, decía que ella no lo quería. Su papá lo abandonò muy pequeño y apenas lo conocía. El pensaba que la vida era injusta.

Para Juan la escuela no era muy agradable, pensaba que es un lugar para perder el tiempo, que él no nació para eso, que él nació para la calle.

Se le dificultaba hacer amigos, pues no confiaba en nadie, aparte de que si alguien lo miraba mal, para el eso era una ofensa, o falta de respeto, eso hacía que a cada rato se metiera en problemas o peleas o con otros chicos de su edad. Para él la forma de lograr que se le respetara era agarrándose a los puños con los demás.

No encontraba otra forma, esa era su forma de resolver los problemas. En parte Juan pensaba que así lograría respeto, y en cierto grado era así, pero también muchos enemigos.

En el fondo Juan se sentía mal, llevaba una vida un poco acelerada, sin metas claras, su relación con la madre, que se preocupaba por él era pésima, y se encontraba en una especie de túnel sin salida.

Al final ya estaba pensando salirse de la escuela, la cual veía como algo negativo, pues no comprendía la importancia de la misma.

Sus necesidades eran primero, por ejemplo, comprarse ropa de marca, jugar maquinitas, etc.

Identifica que pensamientos irracionales tiene Juan.

Identifica como se siente Juan (emociones).

Explica como ciertos pensamientos hacían sentir peor a Juan y lo llevaban a actuar como lo hacía?

De qué manera Juan puede resolver algunos de sus problemas emocionales?

SESION 9

Objetivos

Enseñar al paciente formas de solucionar problemas prácticos

Promover la red de apoyo entre los participantes utilizando la técnica REBT.

Actividades

Paso I

Se inicia con la lectura de las normas del grupo.

Se retoma el tema anterior y se retroalimenta, lo que haya quedado inconcluso en torno a la auto aceptación y su importancia en el cambio de cada uno.

Paso II

Se presenta un caso el cual cada chico debe analizar, el mismo expresa situaciones y dificultades cotidianas de la vida. Cada cual debe abrir un tapete de posibilidades para resolver el caso, de la manera más racional posible.

Paso III

De acuerdo a lo que se pueda extraer el terapeuta resalta los puntos clave en la forma de solucionar problemas, expuestos por la REBT.

Paso IV

Luego cada participante expondrá si es posible un problema actual que sea difícil para el sobrellevar. Voluntariamente cada uno lo presentara si desea. El terapeuta motivara al grupo que haga recomendaciones en función de los antes expuesto, sobre pasos de la REBT para solucionar problemas

Recursos y materiales.

Papel bond, pilotos, libreta de apuntes, papelografo, plumas, lápices. Fotocopias del caso. Tabla 6

Tabla 7

1. Define el problema en términos concretos, conductuales.
2. Genera tantas soluciones alternativas como puedas sin evaluarlas. Recuerda la cantidad, es más importante que la calidad, cuantas más soluciones mejor.
3. Retrocede y evalúa cada solución alternativa, pensando tanto en las consecuencias positivas como negativas y elimina las soluciones absurdas.
4. Elije una o dos de las mejores soluciones y planea los procedimientos paso por paso.
5. Pon tu plan en acción y evalúa los resultado.

SESION 10

Objetivos

Realizar una integración de los temas desarrollados en sesiones anteriores.

Dejar en los jóvenes un mensaje positivo en sus vidas

Realizar un cierre de las sesiones en un ambiente el cual permita compartir con los jóvenes otras experiencias.

Actividades

Paso I

Se inicia con la lectura de las normas del grupo.

Se presenta un formato el cual los jóvenes desarrollaran y el mismo intenta integrar los distintos temas abordados en las sesiones anteriores. Luego dicha información es compartida por el grupo.

 Paso II

Se le presenta a los jóvenes un audio de un par de canciones que lleva una letra en estilo reggaetón, y que tiene como fin proveerles un mensaje positivo. Dicha letra guarda relación con sus experiencias por lo cual les permitirá identificarse con las experiencias del autor, que al final hace un cierre positivo de tal experiencia narrada en las canciones

Paso III

Se realiza una encuesta con el fin de conocer las opiniones de los participantes acerca de la experiencia terapéutica. En esta encuesta se intenta recoger nivel de satisfacción y el efecto que ellos perciben le ha producido el proceso de participar en la terapia.

Paso IV

Se realiza un pequeño cofee brake de cierre y despedida.

Recursos y materiales.

Papel bond, pilotos, libreta de apuntes, papelografo, plumas, lápices. Fotocopias del caso. Tabla 6

4. Resumen de Sesiones

En este punto presentamos una breve narración que ejemplifica la experiencia que tuvimos con los chicos por cada una de las sesiones, llevando al plano de la vivencia personal lo que se ofrece como un plan terapéutico.

Este resumen nos permitirá ver las viscicitudes que sobre la marcha se pueden generar en la aplicación de este plan terapéutico con este tipo de población.

Sesión No 1

Inicie con la bienvenida a todos, luego cada uno armò su propio gafete, algunos sabían que era un gafete otros no. Cada uno lo hizò con su estilo propio. Luego pase a la elaboración de normas que reposan en un papel, el mismo grupo las generò. El siguiente paso fue realizar la dinámica (líneas de vida) y en esa oportunidad participè hablando un poco de mì, tanto de experiencias positivas como negativas, abriendo el compàs al grupo.

Cabe recalcar en este punto, que las historias abarcaban asuntos relacionados a conductas delictivas, como robar con arma, violencia, destrucción a la propiedad privada, etc. Me llamo poderosamente la atención que mientras un chico narraba una situación en la que junto a su grupo o banda casi le quitan la vida a otro joven, el resto del grupo se reía. Ante esta situación mi posición fue neutral, escuchar con atención, y aceptar la experiencia como propia de estos chicos, sin cuestionarla.

Cabe recalcar que fue una sesión difícil pues tuve que recordar las reglas a cada momento, ya que había un chico inquieto que se levantaba, y no paraba de hablar.

Cerré la sesión con una especie de ritual, que la profesora Querube Conte (2009) nos enseñò, el cual consistìa en encender una vela y hablar a medida que se pasaba de una pesona a otra. Yo iniciè hablando de mis expectativas con respecto al grupo y la experiencia. Todos mostraron sus expectativas.

Sesión 2

En esta sesión puse al Chico inquieto a leer las normas, esto me parece fue una buena idea, y la necesidad de recordar las normas fue mínima.

En esta sesión se continúo la narrativa autobiográfica que había quedado inconclusa en la sesión anterior. Un joven hablò de su relación con el padre, y la manera como lo corregía, en su narrativa hablaba de puñetazos, golpes, patadas, en la cara en el cuerpo, cuando el chico terminò, le agradecí por haber tenido el valor de confesar algo tan ìntimo (familiar) ante los demás, pues ningún chico había hablado de situaciones familiares más precisas.

En esta sesión también   psicoeduque con respecto al tèrmino emoción, se le diò un significado. A partir de sus experiencias pudimos compartir el concepto, hablando de emociones tan básicas como el miedo, la alegrìa y tristeza, emociones ligadas a experiencias como persecuciones con armas. Dos confesaron que están en parte allí por temor a que los maten. Aproveche para hablar del miedo y sus mecanismos fisiológicos.

Cuando hice la dinámica de las emociones, observe las dificultades para mostrar emociones, comunicar no verbalmente las mismas, y trate de recalcar en la importancia de la comunicación no verbal.

Luego se compartió el primer cuadro, para que diferenciaràn entre emociones, pensamientos y conductas. En este punto corregí algunos, resaltando la diferencia entre emoción y pensamiento, ya que observè que se confundía, y resaltè la idea que los sentimientos o como se sienten depende de lo que piensan.

Sesión 3

En esta sesión ocurrió algo inesperado y es que al joven inquieto lo empezaron a atacar, diciendo que era un gordo ribeteao, que era un gordo perezoso, que venía a la Institución a comerse toda la comida, yo no detuve a los chicos, pero cuando terminaron pregunte: Alguien opina diferente? Sin nadie responder, dije: te felicito, porque veo que a pesar de que te han atacado has mantenido la calma y lo has tomado con buen humor (él se sonrío). Este chico tenìa historial de violencia física en la escuela y la casa. Después de mis palabras hubo un silencio, y dejaron de perturbarlo.

Inicie retomando el tema de las diferencias entre emociones, pensamientos y conductas, y aclarè confusiones. Los introduje en el modelo ABC, a través de un ejemplo. Les preguntè a cada uno: que hacen cuando llueve?, cada uno indicò conductas diferentes, como dormir, mojarse y jugar, o recoger las cosas por inundación, luego les preguntè que pensaron en ese momento y de esta manera los introdujè en el modelo con una ejemplo concreto, donde A es la lluvia (algo igual para todos), B lo que pensaron còmo: mi casa se va a inundar, y C lo que hicieron y sintieron.

Pienso que dentro de las limitaciones que estos chicos presentaban en cuanto a pensamiento formal, el modelo fue asimilado mediante los ejemplos que se les presentò.

Sesión 4

En esta sesión lo significativo fue que dentro de la psi coeducación en cuanto a la diferenciación de pensamientos racionales e irracionales, tome de sus propias experiencias, creencias y las debatí. Ejemplo: uno de los jòvenes mientras narraba una experiencia con unos policías emitió el pensamiento: "Todos los policías son corruptos", inmediatamente tome esta frase y la rebote al grupo preguntando: todos los policías son corruptos?, un chico dijo algunos, entonces utilizando el tablero, fui desmontando la idea, basado en la realidad, indicando que un sòlo policía no corrupto de los 14000 derrumbaba este pensamiento. En este debate lo interesante fue ver como este tipo de pensamiento predispone a los chicos a tener o focalizar a la autoridad como un enemigo.

Luego se dispusieron a llenar la hoja de pensamientos racionales e irracionales, lo cual quedò pendiente para compartir en la siguiente session

Sesión 5

En esta sesión inicie con la expresión de sentimientos, una tècnica que consiste en hablar sobre las emociones tanto positivas còmo negativas que hemos experimentado en la ùltima semana sobre diversos sucesos.

Lo significativo fue cuando uno de los chicos dijo que se sentía desanimado por que no podía armar una pieza en el taller de mècanica y llevaba semanas en esto. Ese momento lo aproveche para pedir apoyo al grupo, lo interesante fue que el chico con el que había tenido conflictos antes de entrar a la terapia, le diò apoyo con palabras como tú puedes lograrlo si le metes empeño, y esto lo reforcé automáticamente con agradecimiento. El ùltimo joven que hablò mostrò también preocupación por el abuelo que está enfermo y llorò, el grupo lo ànimo y le diò esperanza frente a esta situación. El debate que se realizò con respecto a cada una de las frases del taller anterior fue muy fructífero, pues fuimos diferenciando una a una lo racional e irracional de estos pensamientos, y en qué momento lo han pensado. Pero lo màs significativo fue cuando frente a uno de esos pensamientos que decía que tengo que abusar de los otros para ganar respeto ante mis amigos, salió a relucir el nombre de un chico, de otro grupo que tiende a abusar de los más pequeños, que incluso insulta a algunos profesores, y esto lo aprovechè para que ellos analizaran que pensamientos irracionales pueden estar detrás de esta conducta. Frente a esto les mostré como la conducta de este chico era cuestionada por ellos, y como ese joven obtenía mas pérdidas que ganancias, pues no se estaba ganando el respeto de los demás (ustedes) sino rabia e irrespeto, haciéndoles ver lo irracional de esa conducta que al final le traería màs enemigos y problemas futuros.

Para terminar les solicitè que tomaran dos eventos uno en la escuela y otro en el pasado, que les haya causado mucho malestar o les haya causado un problema, y que exploraran los pensamientos irracionales relacionados a ese acontecimientos y consecuencias. Esto fue asignado como tarea intersesión

Sesión N 6

Esta sesión la iniciamos con la lectura de normas, y la expresión de sentimientos. En esta ocasión uno de los jóvenes, el ùltimo de la rueda dijo que se sentía mal porque uno del grupo lo había acusado de mandarlo a matar, lo cual casi le causa la expulsión, ante tal situación yo simplemente validè el comentario, y le preguntè al otro chico si tenía algo que decir al respecto, el mismo no dijo nada, le preguntè que si se sentía molesto por lo que el compañero había dicho, y dijo que no. Luego el grupo lo incitò a hablar, a que dijera porque había dicho eso, pero no lo hizo, entonces yo intervinè y dije que aquí nadie estaba obligado a hablar, que si él no quería decir nada en ese momento se le respetaba, al igual que se le respetò lo que el otro chico sintió decir. Más adelante en esta sesión, reforcé la idea de la confidencialidad para que ambos chicos se sintieran seguros de que lo que se había dicho en tal sesión era confidencial, lo cierto es que el tema no se volvió   a   debatir.

Otra cuestión importante es señalar que les cuesta mucho desarrollar la tabla No 3, ya que la encontraron muy compleja. Intente entonces explicar con ejemplos, al final de la sesión todos la lograron llenar, pero con cierta dificultad, al final cada uno logrò comentar lo que hizo, y se reforzó la idea de reconocer pensamientos irracionales y como estos influyeron en la forma de actuar en la situación que presentaron.

Sesión 7

Esta sesión inicie con la lectura de normas y luego un caso que estaba pendiente en la sesión 6, y que sirvió para identificar hasta qué punto los chicos han alcanzado un nivel de comprensión respecto a la diferencias de pensamientos racionales e irracionales, y su influencia en sus sentimientos y conductas.

Fue muy interesante ya que los jóvenes se identificaron con el joven del caso, e identificaron pensamientos irracionales que observaron en el chico como: Mis padres no se preocupan por mí, o soy un plomo en la escuela, entre otros. También, identificaron còmo la presión de grupo y la situación en la casa, se conjugaron para llevar a este chico a la situación que le ocurrió.

Es muy importante advertir que esta sesión fue muy productiva pues todos participaron muy activamente, identificando pensamientos irracionales en el chico del caso, y proponiendo alternativas o pensamientos alternativos más sanos o flexibles que podían ayudar al chico a sentirse mejor y actuar de otra forma.

En esta sesión también se introdujò el tema de la autoaceptaciòn, preguntándoles que entendían por la misma, cada uno presentò sus opiniones , y luego se les pidió que cada uno leyera las frases que estaban en sus libretas, relacionadas a la autoaceptaciòn. A medida que se leían se analizaba su significado, a travès del grupo. Es muy importante en esta fase el haber recalcado a los chicos que uno se compone de cosas buenas o malas, y que lo importante es integrar, aceptar ambas y reconocer el cambio.

En esta misma sesión se intentò terminar con la tabla No 5 dònde tenían que señalar sus características positivas o negativas, como hubò cierta dificultad la misma quedo pendiente para la siguiente sesión

Sesión N 8

En esta sesión se iniciò còmo siempre con la lectura de normas, y luego se pasò a comentar brevemente lo que cada uno había señalado respecto a cosas positivas y negativas que hace en su casa o escuela. En esta dinámica notè que les cuesta reconocer cosas positivas sobre sí mismos, por lo cual les recalque la importancia de reconocer cosas positivas en sí, y el de desarrollar autoafirmaciones positivas.

Antes de pasar al siguiente punto, observè que un chico estaba muy distraído y que no quería participar, lo aborde y trate de que expresarà sus sentimientos, según lo que comentò estaba preocupado por una pieza que no había terminado de sellar, intentè a través del grupo motivarlo para que participarà, pero fue infructuoso. Le hice énfasis en que era importante su interés el cual no observe en esta reunión, sin embargo tal situación no cambio.

En esta sesión también psicoeduque con respecto a las formas de enfrentar los problemas emocionales, y a través de otro caso el cual leyeron en grupo, iniciamos un proceso de análisis, en el que ellos participaron al igual que en el caso anterior, pero con una mayor intervención de mi parte, en la cual propusè las formas de la TREC para solucionar problemas emocionales. Por ejemplo: en uno de los comentarios un joven del grupo indicò que era irracional que el chico del caso pensarà que la madre no lo quería, a lo cual repliquè que una forma de probar tal pensamiento (prueba empírica) era hablar con su madre acerca de esos pensamientos. Otra era reconocer en la madre cosas positivas y negativas, y que probablemente estaba enfocado en los aspectos negativos de la madre (pensamiento sesgado o dicotómico). Otro era el de identificar una inferencia distorsionada, pues es posible que ese pensamiento fuera el resultado de una acción de la madre un detalle como no complacerlo en algo.

También como pensaba que la madre no lo quería, eso lo llevaba a actuar de esa manera, llevandole la contraria, o haciendo cosas negativas.

Este punto fue muy interesante, pues la mayoría se identificò con este pensamiento y a la vez sentimiento, y al final intente flexibilizar tal pensamiento, haciendo énfasis que pese a las situaciones que hayan vivido con sus madres estas tenían cualidades positivas y negativas, y que de alguna manera ellas mostraban su amor, a través de la preocupación, por ejemplo.

Sesión 9

Esta sesión iniciò còmo siempre con la lectura de las normas del grupo. En la misma se retroalimentò el tema anterior, el cual tenía que ver con los distintos tipos de distorsión cognitiva.

Luego se pasò a ofrecer a los pacientes una guía de cómo resolver problemas prácticos en su vida cotidiana.

Tomamos de ejemplo un caso de un chico que se presentò como voluntario, y seguimos los pasos de la guía mientras el resto del grupo aportó soluciones en cada uno de los puntos.

El caso del chico se refería a que continuamente encontraba problemas en la hora del almuerzo por que algunos compañeros le escondían la comida.

Lo interesante fue apreciar como el propio grupo opinò y aportó muchas ideas acerca de cómo él podría resolver ese problema, siguiendo los pasos de la Técnica TREC.

Sesión No 10

En esta sesión realizamos una retroalimentación general de lo tratado anteriormente y creamos las condiciones para realizar un cierre.

En esta ocasión nos apoyamos en una guía que todos llenaron y la cual intento identificar hasta qué punto los jóvenes se hicieron consientes de sus pensamientos irracionales, y de qué manera podían cambiarlos para redirigir sus metas en la vida a corto, mediano y largo plazo.

También nos apoyamos en un mensaje final de paz y reconciliación con los enemigos, a través de música regue adaptada a su etapa de desarrollo y la cual les permitió identificarse con la letra.

Por otra parte realizamos una encuesta para registrar las percepciones, inquietudes, satisfacciones o críticas con respecto a la experiencia de participar en un programa de esta naturaleza.

Por último realizamos un brindis el cual representò el cierre de las sesiones.

Referencias Bibliogràficas

Altorws Irwins (2009). Terapia racional emotiva y conductual en delincuentes masculinos adultos. Revista de Toxicomanías Vol. 55.

APA (2001), DSM IV Breviarios. Criterios Diagnósticos. España, Barcelona: Masson S.A.
APA (2014). Guìa de consulta de los criterios diagnòsticos DSM-5

Beck A. T. (2000). Terapia Cognitiva. España, Barcelona: Gedisa

Beck A, Freeman A. y otros (2005). Terapia cognitiva de los trastornos de personalidad. Barcelona: Editorial Paidos.

Bandura A.(1969). Principles of Behaviour Modification. E.U: Hot, rinehart y Winston.

Conger, Patterson (1995). Economic stress, coercive family process, and developmental problems adolescents. Child Dev

Cohen AK (1955). The culture of the gang. E. U: Free press.

Carlson. N (1996). Fundamentos de psicofisiología. México: Pretince Hall.

Cadoret RJ, Yates WR, Troughton E, Woodworth G, Stewart MA(1995) Genetic- environmental interaction in the genesis of aggressivity and conduct disorders. Arch Gen Psychiatry.

Caspi A, McClay J, Moffitt TE, Mill J, Martin J, Craig IW, et al(2002). Role of genotype in the cycle of violence in maltreated children.

Charles S. Carven & Michael S. (2005) Teorías de la personalidad. (tercera edición). Editorial Pearson "Pretince Hall.

Ellis A, Russell (1990). Manual de terapia racional-emotiva. Volumen 2. Bilbao: Desclee De Brouswer, S.A. .

Eysenck, Y Seisedos, N (1978). Estudios Internacionales de la Personalidad. Rev. Ps. Gral y Apl.

Eysenck, HJ (1947). Dimensions of Personality. London: Routledge and Kegan Paul.

Eysenck HJ, S.B.G (2007). Cuestionario de personalidad para adultos y niños (duodécima edición). Madrid: TEA ediciones.

Domínguez Ayllon (2003). La adolescencia. Monografía.

Delval Juan (1994). "El Desarrollo Humano". España, Madrid: Siglo Veintiuno, Cap. I, II, III.

Damasio, Antonio R.,(2006) "El error de Descartes la emoción, la razón y el cerebro humano", Barcelona: Critica.

Damasio, Antonio R.,(2006) "El error de Descartes la emoción, la razón y el cerebro humano", Barcelona: Critica

Erickson Eric (1968, 1974). Identidad, Juventud y Crisis. Buenos Aires: Editorial Paidós.

Farrington DP. (1991) Childhood aggression and adult violence: Early precursors and later life outcomes. Hillsdale, NJ: Erlbaum.

Gabriel Mugny, Juan Pérez. (1988). "Psicología del Desarrollo Cognitivo". España, Barcelona: Anthropos. Cap I y II.

GRANGER, D. A. & KIVLIGHAN, K. T. (2003). Integrating Biological, Behavioral, and Social Levels of Analysis in Early Child Development: Progress, Problems, and Prospects. Child Development.

Gómez Luis Miguel (2003). Menores Infractores. Tapachula de Córdoba y Ordoñez. Monografía.

Gallardo Puyol D. y otros (2009). Desarrollo del comportamiento antisocial. Factores psicobiologicos, ambientales e interacciones genotipo ambiente. Barcelona: Revista de neurología.

American Psychiatric Association (2014). Guìa de consulta de los criterios diagnosticos DSM-5

Hermans EJ, Ramsey NF, Honk JV (2008) Exogenous testosterone enhances responsiveness to social threat in the neural circuitry of social aggression in humans. Biol Psychiatry.

Herrero, O., Ordóñez, F., Salas, A. y Colom, R. (2002). Adolescencia y comportamiento antisocial. Psicothema, pag Ladròn J. Alfonso (S.F). DSM-5 Novedades y criterios diagnosticos.Centro documentación de estudios y oposiciones.

Nelson RJ, Trainor BC.(2007) Neural mechanisms of aggression. Nat Rev Neurosci.

Muñoz Juan, (2004). Factores de riesgo y protección de la conducta antisocial en adolescentes. Revista de Psiquiatría de la Universidad de Barna.

Icaza Maria Elena. (2007). La Familia y el maltrato como factores de riesgo de la conducta antisocial. Revista de salud mental.

Widom CS.(1989) The cycle of violence. Science.

Loeber R, Dishion TJ. (1982). Early predictors of male delinquency: A review. Psychol Bull.

Hirschi T. (1969). Causas de delincuencia. E.U: University of California Press

Hope T, Hough M (1988) Area, crime and incivilities: A profile from the British Crime Survey. En: Hope T, Shaw M (eds.). Communities and crime reduction. Londres: HMSO.

Kolhberg, L. (1992). Psicología del desarrollo moral. Bilbao: Biblioteca de Psicología.

Kiehl KA, Hare RD, Liddle PF, McDonald JJ. (1999) Reduced P300 responses in criminal psychopaths during a visual oddball task. Biol Psychiatry

Lykken, D.T. (1995): The antisocial personalities. New Jersey: LEA.

Mishne, J.M (1986). Trabajo Clínico con adolescentes. New York; Free Press.

***Muñoz J., Navas Collado. (2004).** Conducta antisocial en adolescentes. Teorías explicativas psicosociales. Madrid: Revista psiquis.*

Oliva Alfredo (2004). La adolescencia como riesgo y oportunidad. Sevilla: By Fundation Aprendizajen y adolescencia.

Organización Panamericana de la Salud (1995) Manual de Salud para la atención del adolescente. Serie Paltex.

Pfiffner LJ, McBurnett K, Rathouz PJ (2001). Father absence and familial antisocial characteristics. J Abnorm Child Psychol.

Pearson G (1996) Drug control policies in Britain. En:
Tonry M, Morris N (Eds.). Crime and justice: A review of research. Chicago: University of Chicago Press.

Pichot Pierre y colaboradores. DSM IV Manual diagnostico y estadístico de los trastornos mentales. Barcelona: Masson S.A.
.

Rojas Lusmenia (2006). Apego, Emoción y Regulación emocional. Implicaciones para la salud. Revista Latinoamericana de psicología.

Riso Walter (2006). Terapia cognitiva. Bogotá: Editorial Norma.

Seisedos N (2009). Cuestionario de conductas antisociales delictivas. Madrid: TEA ediciones.

Shaefer Ch, O Connor (1997). Manual de terapia de Juego. D. F México: El Manual Moderno.

Rutter, H. Guiller (2000). La conducta antisocial de los jóvenes. Madrid España: Cambrigde University Press.

Waters V (1982). Therapies of Children: Racional emotive therapy. N.Y: Wiley and Sons.

Zuckerman M. (1994) Behavioral expressions and biosocial bases of sensation seeking. Cambridge: Cambridge University Press.

www.ingramcontent.com/pod-product-compliance
Lightning Source LLC
Chambersburg PA
CBHW050355290526
45786CB00009B/911